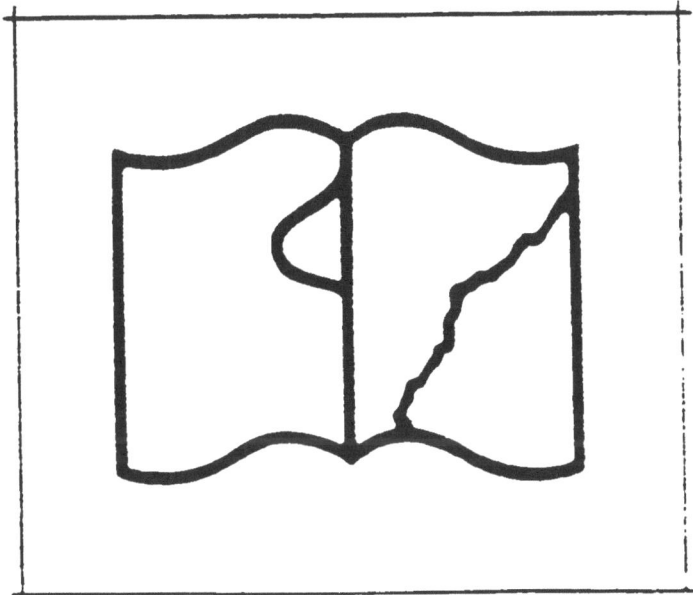

ALFRED ASSOLANT

LA
CHASSE
AUX LIONS

ILLUSTRATIONS
DE
JULES GIRARDET & H. BLED

LIBRAIRIE CH. DELAGRAVE
Rue Soufflot, 15, à Paris

LA

CHASSE AUX LIONS

SOCIÉTÉ ANONYME D'IMPRIMERIE DE VILLEFRANCHE-DE-ROUERGUE
Jules Bardoux, Directeur.

LA

CHASSE AUX LIONS

PAR

ALFRED ASSOLANT

Illustrations par JULES GIRARDET et BOMBLED

TROISIÈME ÉDITION

LA

CHASSE AUX LIONS

I

A LA CANTINE

Lui, c'était Pitou ; moi, c'était Dumanet. Lui ne reculait jamais ; moi j'avançais toujours. A nous deux nous faisions la paire, comme disait le capitaine Chambard, de Montpellier, qui s'y connaissait.

Un jour donc, que nous étions assis tous les deux, Pitou et moi, dans la cantine de la veuve Mouilletrou. du 7ᵉ de ligne, pour lors en garnison à Bakhara — pas loin d'Alger, deux cents kilomètres — voilà que je me mets à bâiller comme une huître au fond de la mer.

Pitou, qui roulait sa cigarette entre ses doigts, la pose sur la table et me regarde d'un air étonné.

Vous n'avez jamais vu Pitou étonné ? C'est ça qui vous étonnerait !

D'abord, ça ne lui arrive presque jamais... oui ; mais quand ça lui arrive, il écarte ses dix doigts, qui sont faits comme dix boudins ; il ouvre sa bouche en forme de four de boulanger et ses yeux presque ronds comme la lune dans son plein.

C'est sa manière de laisser entrer les idées.

Il me dit :

« Dumanet ! »

Moi je lui répliquai :

‹ Pitou !

— Tu t'ennuies?

— Oui, Pitou.

— Ah! »

Il réfléchit pendant cinq minutes — le temps de fumer sa cigarette — et reprit :

« Dumanet !

— Pitou !

— Tu t'ennuies donc?...

— Ah! pour sûr!... Et toi?

— Pas moi.

— Pitou, tu es bien heureux. C'est que tu es philosophe. »

Il me dit encore :

« Dumanet, qu'est-ce que c'est que ça, un philosophe?

— Parbleu! tu le vois bien. C'en est un qui s'amuse quand les autres s'ennuient. »

Il secoua la tête :

‹ Dumanet, je ne m'amuse pas.

— Alors tu t'ennuies?

— Non.

— Qu'est-ce que tu fais donc?

— Je vis... Et toi?

— Moi aussi, Pitou. Mais je voudrais quelque chose de mieux.

— Quoi donc?

— Je voudrais faire parler de moi dans les gazettes.

— Comme Napoléon à Sainte-Hélène?

— Tout juste, Pitou... comme Napoléon à Sainte-Hélène, et aussi à Austerlitz.

— Tu veux être empereur, alors?

— Non, non, Pitou. Mais je voudrais qu'on parlât de moi comme d'un empereur. Ça ferait plaisir au père Dumanet, qui mettrait ses lunettes,

Là-bas, il y a un pays superbe qui n'a pas de propriétaire.

là-bas, au coin du feu, pour lire dans les papiers publics que je suis un homme fameux.

— Dumanet, Dumanet, l'ambition te perdra. »

Je dis encore :

« Pitou !

— Mon ami !

— Ce n'est pas tout ça. .

— Ah ! dit Pitou, je m'en doutais bien... Qu'est-ce qu'il y a encore, Dumanet ?

— Il y a, mon vieux Pitou, que je veux me signaler !

— Eh bien, signale-toi. Ça te fera honneur et ça me fera plaisir.

— Oui, mais je ne veux pas me signaler tout seul. Je veux que tu te signales aussi, morbleu !

— Ça, dit Pitou en appuyant son menton sur sa main, c'est à voir. Qu'est-ce que tu feras pour nous signaler ? »

Ce pauvre Pitou, c'était un ami, — et un bon, un vrai, un solide, un sûr, — mais qui n'avait pas pour cinq centimes de devinette. Il fallait tout lui expliquer depuis A jusqu'à Z.

Je lui dis :

« Pitou, regarde devant toi. Là, tu vois bien à droite des orangers et des citronniers, à gauche des champs de tabac et des vignes, et au milieu la ville, et plus loin encore la plaine jusqu'aux montagnes bleues: Est-ce assez beau, ça !

— Oui, dit Pitou, c'est magnifique tout ça ; mais ça n'est ni à toi ni à moi ! C'est à des bourgeois qui n'ont pas envie de nous en faire cadeau. »

Alors je répliquai, voyant qu'il venait de lui-même où j'avais voulu l'amener :

« Pitou, la terre est grande, et les bourgeois ne l'ont pas prise tout entière. De l'autre côté des montagnes, là-bas, au sud, il y a un pays superbe qui n'a pas de propriétaire.

— Oh ! dit Pitou étonné, pas de propriétaire ! Est-ce Dieu possible?... Et nous pourrions l'avoir pour rien, Dumanet ?

— Presque rien. La peine de le prendre.

— C'est le désert alors, Dumanet?... Et tu dis que c'est grand?...

— Douze cents lieues de long et trois cent cinquante lieues de large. Quinze fois la France ! C'est le capitaine Chambard qui me l'a dit. »

Pitou réfléchit et dit :

« Le capitaine Chambard, ça n'est pas tout à fait l'Évangile, mais c'est tout comme... Pour lors qu'est-ce qu'il y a dans ce pays qui est quinze fois grand comme la France ?

— Il y a de tout... et encore autre chose.

— Par exemple ?...

— Des lièvres...

— Connu, ça !

— Des perdrix...

— Connu, connu !

— Des sangliers...

— Oh ! oh !

— Des outardes...

— Ah ! ah ! qu'est-ce que c'est que ça ?

— Ça, c'est des oies très grosses.

— Bon ! ça va bien. Et encore ?... Mais, s'il y a tant de bonnes choses dans le pays, pourquoi donc est-ce qu'on ne nous y mène pas tout de suite, Dumanet ? »

Je répondis :

« Pitou, je ne sais pas. Je le demanderai au capitaine Chambard. »

Il reprit :

« Mais tout ça, c'est très bon. Le bon Dieu a mieux traité les moricauds que nous. C'est pas possible. Le bon Dieu est juste. S'il a mis là-bas tant de lièvres, de perdrix, de lapins, d'outardes et de sangliers, c'est qu'il y a mis autre chose... comme la fièvre, la gale et la peste.

— Ni la fièvre, ni la gale, ni la peste, mon vieux Pitou. Tout au plus quelques chacals. »

Pitou répliqua :

« Oh ! les chacals, ça ne vaut pas la peine d'en parler. Je les renverrai à coups de pied... Il n'y a pas d'autres vilaines bêtes ?

— Une hyène par-ci par-là...

— Bon ! l'affaire d'un coup de fusil. Il n'y aurait pas aussi quelque panthères ?

— Il y en a, mais si petites que je ne sais pas si ça peut compter. »

Pitou prit un air grave :

« Les panthères, Dumanet, ça compte toujours. Te souviens-tu d sergent Broutavoine ?

— Le sergent Broutavoine ?... Connais pas.

— Comment ! tu n'as pas connu le sergent Broutavoine, qui t'a fich quatre jours de salle de police pour avoir manqué à l'appel, trois se maines avant d'aller à Zaattcha ?... Broutavoine, un petit, maigre roux, large des épaules, qui grognait matin et soir et qui est mot lieutenant, avec la croix, l'année dernière, à l'assaut de Malakoff, e Crimée.

— Ah ! Broutavoine ! le rousseau Broutavoine ! un qui disait toujour à l'exercice : « Qui est-ce qui m'a fichu des conscrits pareils ? ça tien « son fusil comme un bâton de sucre d'orge !... » Eh bien, qu'est-ce qu lui arriva au sergent Broutavoine ? »

Alors Pitou répondit :

« Il lui arriva, Dumanet, qu'un soir d'été, tiens, un soir comm celui-ci, le ciel était bleu, il alla tout seul derrière une haie pour comm qui dirait réfléchir, vu que son notaire l'en avait prié par le moyen de c que sa tante était morte et lui avait laissé un pré, là-bas, dans l'Aveyror loin, bien loin de Paris, pas loin de Rodez. Fallait-il vendre ? fallait-pas ? —Pendant qu'il réfléchissait, le nez sur sa lettre, couché sur le ventr et dans l'herbe, voilà qu'il sent tout à coup quelque chose comme un fourche à sept ou huit dents qui se serait plantée dans le côté opposé la figure (mais plus bas), et qu'il est enlevé en l'air à une hauteur d trente-quatre à trente-cinq centimètres... Tu vois ça d'ici. Lui, pas cor tent du tout, se retourne pour regarder celui qui lui faisait cette mau vaise farce : car enfin ce n'est pas honnête de prendre ainsi un serge par le fond de la culotte... pas du tout. Ce n'était pas un farceur

Le lion! voici le lion.

c'était une belle panthère de deux pieds et demi de haut, grosse comme un veau de six semaines...

— Ah! fichtre!

— ... Là-dessus mon sergent Broutavoine était mal à l'aise, comme tu peux croire. Il cherche de la main droite son briquet, de la gauche il attrape la panthère par les cheveux.., ou, si tu préfères, par une oreille et par les poils tout autour... Il tire de son côté, elle tire du sien. Finalement elle emporte le morceau, qui n'était pas bien gros (par bonheur!) et pousse un cri fait comme le miaulement de trois cents chats en colère... Le sergent saute debout sur ses pieds, tire son briquet et le lui met dans la gorge en criant : « A moi ! les amis ! » On court, on arrive, on le trouve couché sous elle et couvert de sang... elle l'avait jeté par terre et voulait le dévorer. Lui, pas bête, lui tenait la gueule en l'air en serrant de toutes ses forces.

— Et après?

— Après?... Eh bien, pendant que la panthère le griffait et le mordait, Pouscaillou est venu par derrière et lui a brûlé la cervelle d'un coup de fusil...

— Au sergent?

— Mais non. Dumanet. Tu ne comprends donc rien? Pas au sergent, à la panthère. »

Je répliquai :

« Pitou, tu vois bien que le sergent Broutavoine s'en est tiré, puisqu'il est devenu lieutenant et qu'il a fallu un coup de mitraille pour le tuer en Crimée. »

Pitou secoua la tête.

« Il s'en est tiré, dit-il... oui, si l'on veut; mais, pendant plus de six semaines, il ne pouvait pas s'asseoir ni se coucher, excepté sur le côté gauche, et encore!...

— Pour lors, Pitou, tu as peur de rencontrer des panthères? »

Il hésita.

« Mon Dieu ! J'ai peur... et je n'ai pas peur; ça dépend... A dix pas, avec mon fusil bien épaulé, le doigt sur la détente, en plein jour...

— Qu'est-ce que tu ferais?

— Est-ce que je sais, moi? Je ferais de mon mieux. Et si c'était le soir, couché dans l'herbe comme le sergent Broutavoine, alors, oh! alors, je rentrerais avec plaisir dans la caserne pour me coucher. »

Je levai les épaules et je dis :

« Pitou! tu es mon ami, mais tu me fais de la peine!

— Pourquoi, Dumanet?

— Parce que, mon vieux Pitou, si tu as peur des panthères, qu'est-ce que tu feras donc quand tu te trouveras nez à mufle avec les lions? »

Il me dit bonnement ·

« Je ferai avec les lions ce que je ferais avec les panthères. Je rentrerai dans la caserne.

— Oh! Pitou!

— De quoi, Dumanet?... Quand on rencontre un mauvais gueux sur sa route qui a quatre pistolets à cinq coups chacun et quarante fusils chargés à balle, est-ce qu'on va lui chercher querelle? Est-ce qu'on va se faire tuer ou estropier?

— Oui, mais le lion...

— Le lion, dit Pitou avec force, a quatre pattes, et cinq griffes à chaque patte, et quarante dents au fond de la gueule... C'est comme s'il était toujours prêt à faire feu de soixante cartouches à bout touchant... Tu aimerais ça, Dumanet?

— Moi! oui, assez.

— Eh bien, pas moi, Dumanet! Et tu dis qu'il y a des lions dans ton désert?

— Ce n'est pas moi qui dis ça, c'est le capitaine Chambard; et encore il dit approximativement, tu sais. Hier, par exemple, en prenant son absinthe, il racontait au capitaine Caron que les lions gardent les portes du désert.

— Oh! s'écria Pitou, est-ce que le désert a des portes? »

Je répondis :

« Faut croire, puisque les lions les gardent. Est-ce que tu as jamais vu une porte sans portier?

— Ça, jamais! dit Pitou; j'aurais plutôt vu un portier sans porte. Comme ça, Dumanet, c'est donc les lions qui ferment la porte du désert ?

— Comme tu dis.

— Mais alors, Dumanet, c'est donc pas des lions, ceux de ce pays, c'est donc des cloportes? »

Il se mit à rire et moi aussi, et aussi la mère Mouilletrou, qui nous écoutait.

Je lui dis :

« Pitou, je ne t'avais jamais vu faire de calembours. Où as-tu pris celui-là?

— C'est vrai, dit modestement Pitou. Le calembour n'est pas de moi. Il est du capitaine Chambard. »

Je dis encore :

« Ça ne fait rien, Pitou. Il est très bon, le calembour. C'est le capitaine Chambard qui l'a fait, mais le général voudrait bien en faire autant... Pour conclure, veux-tu venir avec moi prendre le désert?

— Malgré les panthères et les lions? dit Pitou... ça demande réflexion! »

Mais, comme il réfléchissait, nous entendîmes tout à coup des cris épouvantables et nous vîmes plus de trois cents Arabes ou moricauds de toute espèce, hommes, femmes et enfants, qui venaient en courant de toutes leurs forces dans la rue et criant :

« Le lion! voici le lion! »

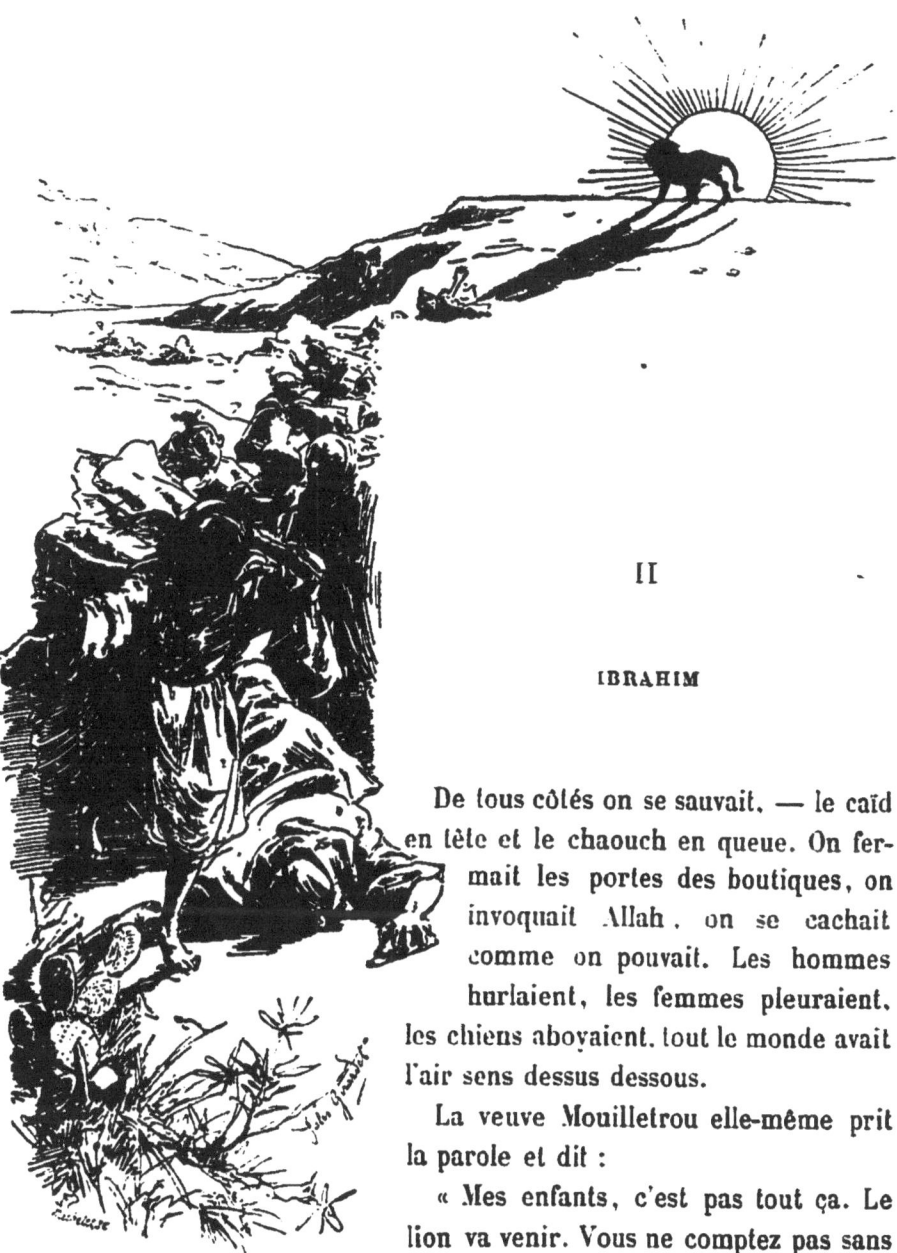

II

IBRAHIM

De tous côtés on se sauvait, — le caïd en tête et le chaouch en queue. On fermait les portes des boutiques, on invoquait Allah, on se cachait comme on pouvait. Les hommes hurlaient, les femmes pleuraient, les chiens aboyaient, tout le monde avait l'air sens dessus dessous.

La veuve Mouilletrou elle-même prit la parole et dit :

« Mes enfants, c'est pas tout ça. Le lion va venir. Vous ne comptez pas sans doute que je vais laisser ma boutique ouverte pour lui offrir un mêlé-cass ?... Allez-vous-en tout à fait ou rentrez ! Je vais fermer la porte. »

Tout le monde avait l'air sens dessus dessous.

Pitou répondit :

« Madame Mouilletrou, c'est bien parlé. Je rentre, et nous allons fermer. »

Mais moi, ça m'humilia. Je dis à mon tour :

« Pitou, tu peux rester. Moi, je vais voir comme c'est fait, un lion.

— Pas possible ! » cria Pitou étonné.

Je répliquai :

« Si possible, Pitou, que c'est vrai. »

Il me dit encore :

« Tu me lâches donc ?

— Ce n'est pas moi qui te lâche, Pitou, c'est toi qui me lâches ; et l'on dira dans tout l'univers, quand on saura ce qui s'est passé : « Ce n'est « pas Dumanet qui a lâché Pitou, en face du lion, c'est Pitou qui a lâché « Dumanet. »

Pitou serra les poings.

« Alors, ça serait donc pour dire que je suis un lâche, Dumanet ! Ah ! vrai ! je n'aurais jamais cru ça de toi.

— Mais non. Pitou, tu ne seras pas un lâche, mais un lâcheur ; c'est bien différent. »

Il se jeta dans mes bras.

« Ah ! tiens, Dumanet, c'est toi qui n'as pas de cœur, de dire de pareilles choses à un ami !

— Alors tu viens avec moi ?

— Pardi ! »

A ce moment, un bruit qui ressemblait à celui du tonnerre se fit entendre dans la vallée, du côté de la montagne. La veuve Mouilletrou, toujours pressée de fermer sa porte, nous dit :

« Ah çà, voyons, entrez-vous ou sortez-vous, paire de blancs-becs ? Vous n'entendez donc pas le rugissement du lion ? »

En effet, c'était bien ça.

« Pour lors, dit Pitou, rentrons. »

Mais il était trop tard. La mère Mouilletrou avait fermé sa cambuse et ne l'aurait pas rouverte pour trente sacs de pommes de terre.

Alors je dis :

« Pitou, le gueux va descendre. Allons chercher nos fusils à la caserne. »

Il me suivit. Nous chargeàmes nos fusils et nous remontâmes jusqu'au bout du village. On n'entendait plus rien, rien de rien, oh ! mais ! ce qui s'appelle rien. Le gueux, qui avait fait peur à tout le monde, ne disait plus rien. Quant aux hommes, aux femmes et aux autres bêtes, ils ne remuaient pas plus que des marmottes en hiver.

Alors Pitou me dit :

« La nuit va venir, Dumanet... Rentrons ! »

Je répondis :

« Pitou, le sergent nous a vus charger nos fusils pour tuer le lion. Si nous rentrons sans l'avoir tué, on dira : « Ce Pitou. ce Dumanet, ça fait « de l'embarras ; ça veut tuer les lions comme des lapins, et ça revient au « bout d'un quart d'heure ; ça se donne pour des guerriers de fort calibre, « et c'est tout bonnement des farceurs, des propres à rien, des rien du « tout, des rossards, quoi ! » Et nous serons déshonorés. »

Pitou soufflait comme un phoque, mais il ne disait rien.

Je l'entrepris encore :

« Pitou, ça ne te ferait donc rien d'être déshonoré ?

— Ah ! tiens, ne me parle pas de ça, Dumanet ! Ça me fait monter le sang aux yeux. Déshonorés, moi Pitou et toi Dumanet ! Et la mère Pitou, tu ne la connais pas, mais je la connais. moi ! Et c'est une brave femme, va ! La mère Pitou, qui m'a nourri de son lait quand je ne lui étais de rien . — car ma mère est morte le jour de ma naissance, et mon père, qui s'appelait Pitou, n'était qu'un cousin germain, et il est mort trois mois auparavant en coupant un arbre qui lui tomba sur la tête et le tua raide, — la mère Pitou dirait : « Il s'est déshonoré, mon Pitou, mon « petit Pitou que j'aimais tant, que j'avais élevé avec les miens, que je « voulais donner en mariage à ma petite Jeanne, quand il serait revenu « d'Alger et qu'il aurait pris Abd-el-Kader ! » Ah ! tiens, Dumanet, ce n'est pas beau ce que tu dis là, et si ce n'était pas toi, oh ! si ce n'était pas toi !... »

Il serrait les poings et il avait envie de pleurer.

Je lui dis :

« Tu vois bien, Pitou, tu ne pourrais pas vivre si tu étais déshonoré !

— Eh bien, qu'est-ce qu'il faut faire pour ne pas être... ce que tu dis ! »

Je répliquai :

« Pitou, le lion nous attend, c'est certain. La preuve, c'est qu'il ne dit plus rien.

— Eh bien, dit Pitou, s'il veut nous attendre, qu'il attende ! Est-ce que nous sommes à ses ordres ?

— Pitou, mon petit Pitou, encore cinq cents pas hors du village !

— Cinq cents ? Pas un de plus ?

— Je t'en donne ma parole, foi de Dumanet !

— Puisque c'est comme ça, marchons ! »

Et, de fait, nous marchâmes comme des braves que nous étions : car il ne faut pas croire que Pitou, parce qu'il s'arrêtait de temps en temps pour réfléchir, ne fût pas aussi brave qu'un autre. Ah non ! au contraire !... Seulement, comme disait le capitaine Chambard, il n'était pas téméraire. Que voulez-vous ? tout le monde ne peut pas être téméraire : et si tout le monde était téméraire, la terre ne serait plus habitable, et la lune non plus, parce que les téméraires qu'il y aurait de trop sur la terre voudraient monter dans la lune.

Pour lors, Pitou et moi, nous prîmes le chemin de la vallée et de la montagne. Moi, j'allais en avant comme un guerrier ; Pitou, lui, comptait les pas comme un conducteur des ponts et chaussées.

On n'entendait rien. Toutes les bêtes de la nature dormaient ou faisaient semblant de dormir. La lune se levait dans le ciel, derrière la montagne. Pitou, qui avait compté ses cinq cents pas, s'arrêta sous un vieux chêne et me dit tout bas, comme s'il avait eu peur d'éveiller quelqu'un :

« Dumanet, c'est fini. Allons-nous-en. Il n'y a personne. »

Je répondis bien haut :

« Pitou, encore un kilomètre ! »

— Non.

— Un petit kilomètre ! le plus petit de tous les kilomètres ! »

Il répliqua d'une voix ferme :

« Pas même un décamètre. Dumanet ! Pitou n'a qu'une parole ! et Pitou Jacques a donné sa parole à Jacques Pitou de ne pas le mener plus loin que cinq cents pas. »

Tout à coup, dans le haut du chène, une voix cria :

« Allah ! Allah ! Allah !

— Allons, bon ! dit Pitou, encore une autre affaire. Voilà quelque moricaud en détresse. »

Au même instant, nous entendîmes un bruit de feuilles froissées et de branches cassées. Un Arabe vint tomber à nos pieds.

Il tomba, je veux dire qu'il descendit de branche en branche, mais si vite que Pitou eut à peine le temps de s'écarter : autrement il lui aurait cogné la tête.

L'Arabe se releva et dit en montrant la forêt :

« Il est parti !

— Qui ? demanda Pitou.

— Celui que vous cherchez, le brigand qui a mangé ma femme et mes deux vaches, le sidi lion enfin. »

Je demandai :

« Comment sais-tu qu'il est parti ? »

L'Arabe se roula la face contre terre en s'arrachant la barbe.

« Ah ! dit-il, je l'ai vu et je l'ai suivi pendant qu'il tenait ma pauvre femme Fatma dans ses dents. Allah ! Allah ! Comme elle criait ! »

Et il nous raconta son malheur.

« Je revenais avec Fatma et le bourricot qui portaient chacun sa charge de bois... »

Pitou prit la parole :

« Et toi, qu'est-ce que tu portais ? »

L'Arabe le regarda très étonné et répondit :

« Moi ?... je ne portais rien.

— Alors tu étais comme l'autre dans la chanson de Malbrouck?

— Malbrouck?... connais pas... Un Roumi peut-être?

— Oui, un seigneur Roumi que ses amis enterrèrent dans le temps. L'un portait son grand casque, l'autre portait son grand sabre; l'autre portait sa cuirasse et l'autre ne portait rien... Va, va toujours... Alors tu suivais Fatma et le bourricot?

— Je ne les suivais pas, dit l'Arabe; je les faisais marcher devant moi.

— Ça, dit Pitou, c'est bien différent... Alors le lion est venu, et il a emporté ta femme et ton bourricot?

— Oh! ma femme seulement, parce que le bourricot a jeté sa charge de bois et s'est sauvé dans la forêt; mais le brigand saura bien l'y retrouver demain. Pauvre bourricot! pauvre bon bourricot! je l'aimais tant!... Je l'avais appelé Ali, du nom du gendre du Prophète!... Ali, mon pauvre Ali, je l'avais acheté cinq douros, et il m'en rapportait deux par semaine! »

L'Arabe pleurait et criait.

Alors je demandai :

« Mais toi, qu'est-ce que tu as dit, quand tu as vu qu'il emportait ta femme?

— Moi!... ce que j'ai dit?... Je suis monté sur le chêne et je lui ai crié à travers les branches : « Coquin! scélérat! assassin! » Et pendant que j'entendais craquer sous ses dents les os de ma pauvre Fatma, j'ai prié Allah d'accorder à son fidèle serviteur que le brigand fût étranglé par un de ces os bien-aimés... Qu'est-ce que je pouvais lui faire avec mon bâton?

— Ça, dit Pitou, c'est vrai. On fait ce qu'on peut, on ne fait pas ce qu'on veut... Allons, Dumanet, allons-nous-en. »

Mais moi, je n'étais pas pressé. Pendant que l'Arabe parlait, j'avais senti, comme dit l'autre, pousser une idée sous mon képi... Les idées, vous savez, ça ne pousse pas tous les jours; c'est comme le blé, il y a des saisons pour ça. Mais quand elles sont mûres, il faut les cueillir tout de suite. Au bout d'un mois, elles ne valent plus rien.

Je dis donc à l'Arabe :

Le lion et la lionne à l'affût!

« Comment t'appelles-tu ?

— Ibrahim, de la tribu des Ouled-Ismaël.

— Eh bien, Ibrahim, qu'est-ce que tu vas faire, maintenant que tu as perdu ta femme et ton bourricot ? »

L'Arabe leva les mains au ciel.

« Est-ce que je sais, moi?... Ce qu'Allah voudra... Pauvre Fatma ! Pauvre Ali ! Elle m'avait coûté vingt-cinq douros, et lui cinq seulement ; mais il faisait autant d'ouvrage qu'elle ; seulement, elle valait mieux pour le couscoussou. »

Je dis encore :

« Fitou, qu'est-ce que tu as d'argent dans ton sac ?

— Sept francs, Dumanet.

— Les mêmes sept francs que la mère Pitou et sa fille t'envoyèrent et mois dernier ?

— Les mêmes, Dumanet, avec deux portraits.

— Le sien et celui de sa fille ?

— Mais non, Dumanet, mais non ! que tu es bête... Le portrait de Louis-Philippe sur la pièce de cinq francs et le portrait de Charles X sur la pièce de quarante sous.

— Tu regardes donc le portrait de tes rois ?

— Parbleu ! quand j'ai fini d'astiquer, qu'est-ce que tu veux que je fasse ?... J'observe.

— Ah ! tu observes ! Ah ! bigre ! tu ne m'avais jamais dit ça, Pitou !

— Parce que tu ne me l'avais jamais demandé.

— Alors, Pitou, puisque tu es un observateur, tu dois avoir observé que j'ai quelque chose à te proposer. »

Il secoua la tête.

« Dumanet, Dumanet, je me méfie. Toutes les fois que tu m'as proposé quelque chose, c'était un nouveau moyen de nous casser le cou. Te rappelles-tu le jour où tu voulais faire avec moi le tour du Panthéon, à Paris, debout sur la balustrade, qui est à six cent cinquante pieds du pavé ?

— Six cent cinquante pieds, Pitou?

— Ou trois cent cinquante; est-ce que je sais, moi? Enfin on mettrait cent cinquante Pitou bout à bout, chacun le pied droit sur la tête d'un autre Pitou et les bras étendus comme le génie de la Bastille, avant que le dernier Pitou pût poser sa main sur la balustrade : ça suffit, n'est-ce pas ?... Enfin, tu dis qu'il fallait monter, que les autres n'y montaient pas; que le sergent Merluchon du 6ᵉ léger n'avait jamais osé, qu'il fallait oser ce que n'osait pas Merluchon; qu'il fallait montrer au 6ᵉ léger ce que le 7ᵉ de ligne savait faire... est-ce que je sais, moi? Quand il s'agit de faire une bêtise, tu parles comme un livre. Alors moi, qui suis bon enfant, je voulus faire comme toi et pas comme le sergent Merluchon; nous montâmes tous deux sur la balustrade et nous commençâmes la tournée... Jolie tournée, ma foi! Mon Dumanet, dès le premier pas, faisait le seigneur et l'homme d'importance ; on aurait dit un colonel de carabiniers; il chantait de toutes ses forces la jolie chanson :

> Y avait un conscrit de Corbeil
> Qui n'eut jamais son pareil.

« Moi, pendant ce temps, je regardais la place du Panthéon, où les hommes me faisaient l'effet d'être gros comme des rats et les chevaux comme des chats, et je pensais entre moi : « Tonnerre de mille bom-« bardes ! que c'est haut ! » Les trois cent cinquante pieds que tu dis me faisaient l'effet d'avoir soixante pouces de hauteur. Tout à coup, je vois mon Dumanet, qui chantait toujours en regardant de quel côté la lune se lèverait le soir, et qui va poser son pied dans le vide .. Ah ! tiens, Dumanet, ça me fait frémir quand j'y pense !... »

Je répliquai :

« Oh ! toi, Pitou, quand tu frémis, ça ne compte pas ; tu es par nature aussi frémissant qu'une langouste... et même j'ai connu des langoustes qui ne te valaient pas pour la frémissure... Et puis, veux-tu que je te dise la fin de ton histoire ? Eh bien, voilà, tu n'as fait ni une ni deux, et comme j'allais tomber en dehors sur la place et m'écraser comme un fromage mou, tu m'as poussé si fort en dedans contre la muraille, que je me suis cogné le nez, qui en a saigné pendant cinq minutes, et que ma tunique s'est déchirée au coude, ce qui m'a fait donner quatre jours de salle de police en rentrant... moyennant quoi tu as sauvé la vie d'un chrétien et d'un ami, mon vieux Pitou. Eh bien ! est-ce que tu en as des regrets ? »

Pitou répondit :

« Je ne regrette rien, Dumanet : tu es un mauvais cœur de me dire que je regrette d'avoir fait saigner le nez d'un ami et déchiré sa tunique... Ce n'est pas moi qui t'aurais jamais dit ça, Dumanet !... D'ailleurs, ce n'est pas pour toi que j'ai fait ça...

— Et pour qui donc, Pitou ? »

Il se gratta la tête d'un air embarrassé.

« Pour moi, Dumanet ! pour le fils de la mère Pitou ! Est-ce que tu crois que ça aurait été une chose à dire en rentrant à la caserne : « J'ai « perdu Dumanet. — Qu'est-ce que tu en as fait ? — Je l'ai laissé tom- « ber du haut du Panthéon sur la place. — Tu ne pouvais donc pas « le retenir ? Tu es donc une moule ?... » — Tu comprends, ça m'aurait embêté. Toute ma vie, j'aurais pensé : C'est vrai, je suis une moule, et Dumanet, qui est là-haut en purgatoire, où certainement il doit s'ennuyer sans moi, doit se dire : « C'est la faute de Pitou : si Pitou n'était « pas une moule, je ne serais pas là tout seul à tourner mes pouces en « l'attendant ! » Tu comprends, Dumanet, savoir qu'un ami va tourner ses pouces vingt-quatre heures par jour en vous attendant pendant trente ans et peut-être davantage, ce n'est pas régalant, pas vrai ? »

Je dis encore :

« Mon vieux Pitou (je l'appelais vieux, quoiqu'il eût vingt-cinq ans comme moi), mon vieux Pitou, tu es une vieille bête ! »

Il répondit tranquillement :

« Je le sais bien, Dumanet.

— Oui, une vieille bête, mais la meilleure des plus vieilles bêtes de tout le 7ᵉ de ligne.

— Je le sais bien. Tu me l'as dit assez souvent ! Mais ce n'est pas tout ça, Dumanet ; il est tard, il faut rentrer. »

Alors moi :

« Oui, mon vieux Pitou, il faut rentrer ; mais, comme tu dis, ce n'est pas tout ça. Nous sommes sortis pour nous couvrir de gloire, Pitou, et nous allons rentrer...

— Couverts de pluie, » ajouta Pitou.

En effet, il pleuvait déjà un peu, et le tonnerre commençait à rouler dans les montagnes.

« Et ça te suffit ?

— Mais, Dumanet, qu'est-ce que tu veux que j'y fasse ? Est-ce que je peux parer la pluie en faisant le moulinet avec mon briquet ?

— Ça, non : je t'obtempère.

— Je ne peux qu'aller me sécher à la caserne.

— Je t'obtempère encore plus.

— Eh bien, dit Pitou, puisque c'est ainsi et que tu m'obtempères deux fois, j'y vas. »

Il y allait, le bon garçon, en prenant son chemin par pointe et marchant d'un pas relevé. Mais je le retins et lui dis :

« Écoute-moi, Pitou. »

Et comme il continuait de marcher :

« Après, tu feras ce que tu voudras.

— Oui, oui, tu dis ça, et après tu me fais faire tout ce que tu veux. »

Cependant il ralentit le pas.

« Tu vois, mon vieux Pitou, nous avons promis de tuer le lion et nous ne l'avons pas tué.

— Pour ça, répliqua Pitou, il aurait fallu d'abord le voir.

— Tu as raison, Pitou, toujours raison. J'ai toujours pensé que tu étais un observateur... Eh bien, Pitou, si nous ne voyons pas le lion, c'est parce qu'il se cache.

— Crois-tu?

— J'en suis sûr. Et s'il se cache, c'est parce qu'il a peur.

— Oh! peur!...

— Oui, peur. Il a entendu dire dans son quartier que Pitou et Dumanet allaient se mettre à sa poursuite : il s'est sauvé.

— Laisse-le faire. Nous n'avons pas besoin de courir après la mauvaise société.

— Enfin, voilà! Mais si l'on raconte chez la mère Mouilletrou que la mauvaise société, comme qui dirait le lion, a couru sur nous et que nous sommes revenus au galop, nous devant et lui derrière, sais-tu que ça ne nous ferait pas honneur? »

Pitou réfléchit et répliqua :

« Mon Dieu! Dumanet, tu m'impatientes. Courir, courir devant, courir derrière, courir dessus, courir dessous, courir à droite, courir à gauche, c'est toujours courir. Manger à midi, manger à trois heures, c'est toujours manger.

— Comme ça, tu veux qu'on se moque du fils de la mère Pitou? »

il se redressa.

« Qu'il vienne donc un peu, celui qui voudra se moquer du fils Pitou! Qu'il vienne! Et je lui envoie sur le nez la plus belle gifle de tout le 7ᵉ de ligne! »

Il était tout à fait en colère.

« Où est-il donc? Fais-le-moi voir un peu, ce malin! Je vais te lui aplatir le nez sur les joues de façon qu'il ne pourra plus prendre une prise de toute sa vie, quand même il vivrait sept cent cinquante ans et vingt-sept jours, comme le vieux Mathusalem, qui la connaissait dans les coins. »

Je dis encore :

« Eh bien, Pitou, en cherchant bien, je ne vois plus qu'un moyen de couper la langue aux bavards. C'est de retourner demain à la recherche du lion.

— Mais puisqu'il s'est sauvé, Dumanet!

— Il s'est sauvé sans se sauver, mon vieux Pitou, comme faisait Abd-el-Kader. Il faisait semblant de se sauver, mais il ne se sauvait pas du tout, le gueux! Il allait et venait d'Oran à Constantine, en passant tout le long d'Alger, voilà tout.

— Et tu dis qu'à moins de ça nous n'en serons pas quittes et que les camarades croiront que nous sommes des...

— Justement, mon vieux Pitou. Est-ce que tu serais homme à souffrir ça?

— Moi, Dumanet? Ah! tonnerre et tremblement! tu ne me connais pas! »

Au contraire, je le connaissais biens. Il ajouta :

« Mais si le lion va et vient, comment le trouverons-nous? Est-ce que nous allons passer toutes les nuits à l'attendre? En hiver, les nuits sont froides. »

Je répondis (et c'était l'idée qui avait poussé un quart d'heure auparavant sous mon képi) :

« Ibrahim nous montrera le chemin. »

L'Arabe, qui n'avait rien dit depuis longtemps, répliqua :

« Non!

— Comment, non! tu ne veux pas venir tuer le gueux qui t'a mangé ta Fatma ?»

Il poussa un soupir et dit :

« Pauvre Fatma! Elle avait des yeux de gazelle et elle faisait si bien le couscoussou ! »

Puis, après réflexion :

« Mais c'est justement parce qu'il a mangé Fatma que j'ai peur qu'il ne me mange, moi aussi, à mon tour. »

Pitou me dit tout bas :

« Ibrahim a peur qu'il n'ait pris goût à la famille. »

Ça, c'était bien possible.

Je tournai, je retournai l'Arabe de tous les côtés, je ne pus jamais le décider. A la fin je lui dis :

« Ibrahim ! Et ton bourricot ? est-ce que tu vas le laisser là dans la forêt ? »

Alors il se roula par terre, arracha son turban, couvrit sa tête de boue et s'écria :

« Ali ! Ali ! mon pauvre Ali ! je ne te reverrai plus ! Ali de mes yeux ! Ali de mon cœur ! Ali miséricordieux ! Ali, fils des étoiles ! pauvre Ali qui chantais le matin comme le rossignol chante le soir, et dont la voix retentissait dans les montagnes comme celle du muezzin sur le haut de la mosquée quand il invite les fidèles à la prière ! »

Tout à coup, il s'interrompit. Nous entendîmes braire au loin. On aurait dit un appel du pauvre âne à son maître. Ibrahim cria :

« Le voilà ! le voilà ! Je l'entends galoper de ce côté. Venez avec moi ! »

J'allais courir avec lui, mais Pitou me retint par la manche.

« Attends un peu, dit-il. Je suis sûr que le bourricot n'est pas seul... »

Il posa l'oreille à terre, se releva doucement, fit signe à l'Arabe, qui s'était arrêté pour le regarder, et nous dit à tous deux dans l'oreille :

« Il y a quelqu'un derrière le bourricot ! »

Je répondis :

« Ah ! Il y a quelqu'un ?... »

Et je m'arrêtai net comme si j'avais vu un mur de trois cents pieds de hauteur sur quarante kilomètres de largeur.

Vous savez... quand on se promène à une demi-lieue de Clermont, qui est une jolie ville (on voit le Puy de Dôme d'en bas), quand il fait nuit et qu'on entend braire et galoper un âne, vous dites : « Voilà qui est bon, l'âne a cassé sa corde et s'est sauvé, et le propriétaire court après... il n'en est que ça... » Vous attendez l'âne au passage pour le ramener au propriétaire, si vous êtes bon enfant, ou pour rire de bon cœur en les entendant galoper l'un derrière l'autre... Ça va bien, vous pouvez rire pendant un heureux quart sans vous faire de mal... Mais si vous êtes en Afrique, dans la forêt, à cinquante lieues d'Alger, si vous savez qu'à l'endroit où vous allumez votre cigarette le lion a passé il n'y a pas une heure, si l'Arabe vous dit qu'il a mangé sa femme, si l'ami Pitou, qui ne s'effraye pas facilement quoiqu'il prenne toujours ses précautions, met l'oreille à terre et vous dit : « J'entends bien braire l'âne, mais j'entends quelqu'un derrière lui, » alors, oh! alors... on a beau être le fusilier Dumanet de la 2ᵉ du 3ᵉ du fameux 7ᵉ de ligne, surnommé par son colonel *le régiment de bronze*, on est taquiné dans le fond des entrailles.

Pendant que je pensais à ça et que j'écoutais braire le bourricot, voilà que tout à coup la pauvre bête ne dit plus rien et continue à courir.

Alors j'entendis les pas lourds de celui qui trottait derrière. Il ne pleuvait plus. Le nuage qui couvrait la lune s'écarta, et Pitou, me serrant fortement le bras, me dit à voix basse en armant son fusil : « Tiens, Dumanet, tu as voulu le voir : le voilà! »

C'était bien lui. Il descendait la côte, à trente pas, mais séparé de nous par un précipice de plus de six cents pieds coupé aussi droit qu'un I dans la montagne. Pour descendre au bas de la côte et remonter jusqu'à nous de l'autre côté, il avait plus d'un quart de lieue à faire, presque une demi-lieue.

Ça, c'était rassurant pour nous, mais pas pour le bourricot, qui ne braillait plus, oh! non, mais qui galopait, galopait, galopait! Je n'aurais jamais cru, foi de Dumanet, qu'un bourricot fût si galopeur que ça !

Quant à l'autre, celui qui courait derrière, il ne galopait pas, lui ! Il trottait seulement, à la façon des gros chevaux boulonnais qui traînent les camions hors des gares, et qui ressemblent à des locomotives à quatre pattes. Personne ne voudrait se mettre en travers, de peur d'être brisé d'un coup de poitrail. On entendait ses lourdes pattes tomber deux par deux sur les feuilles sèches. Au clair de lune, on le voyait faire des pas énormes, de six pieds chacun pour le moins.

Je me retournai pendant une seconde et je demandai :

« Ibrahim, est-ce bien ton lion? »

Mais l'Arabe ne répondit pas. Il grimpait dans le chêne, le bon moricaud, et il allait être aux premières loges pour voir comment nous nous tirerions d'affaire, Pitou et moi. »

« Tiens, Dumanet, tu as voulu le voir : le voilà ! »

Voyant ça, je fus indigné et je lui criai :

« Holà ! hé ! Ibrahim ! Est-ce qu'ils sont tous faits comme toi dans le pays des Ouled-Ismaïl ? »

Pitou me dit tranquillement :

« Tais-toi donc, Dumanet ? Veux-tu avertir l'autre que nous sommes là ? »

Quant à l'Arabe, il cria du haut de son arbre :

« Visez bien le gueux ! et surtout tâchez de ne pas le manquer et de ne pas attraper mon pauvre bourricot ! il m'a coûté cinq douros, le cher ami ! cinq douros ! cinq douros ! cinq douros ! »

Je crois qu'il pleurait dans le haut du chêne, mais je n'eus pas le temps d'aller voir.

Je dis à Pitou :

« Du train dont ils vont, le lion et le bourricot, nous allons les voir paraître dans trois minutes.

— A peu près, rétorqua Pitou. Si j'avais ma montre, je te le dirais, mais elle est en réparation chez l'horloger de la rue aux Ours, à Paris. »

Je répondis :

« Ça ne fait rien, Pitou... suffit de savoir que ta montre est en réparation ; moi, la mienne est au clou, chez un juif d'Alger...

— Au clou ?

— Ou en pension chez le juif, si tu préfères. Absolument comme une jeune personne. Il faudra payer dix francs pour la retirer.

— Dix francs, Dumanet !

— Dix francs, mon vieux Pitou, et il m'a prêté trois francs pour trois mois !

— Oh ! dit Pitou indigné.

— Et quand je pense que le grand-père de ce vieux juif a crucifié Notre-Seigneur Jésus-Christ à Jérusalem, ah ! tiens, ça me fait encore plus de peine de donner mes dix francs... Mais ne parlons plus de ça. Le camarade va venir. Il devrait déjà être là... A propos, je n'entends plus rien. Est-ce qu'il serait déjà occupé à manger le bourricot, là-bas dans le fond ?

— Probable, » répondit Pitou.

Je répliquai :

« Oui, probable, mais pas sûr. Allons voir.

— Ça, dit Pitou, c'est interdit par les règlements. Nous sommes bien sur le plateau : nous voyons clair, nous pouvons viser, restons-y. »

Je commençai :

« Pitou, il n'y a pas d'heure ni de règlement pour les braves. Si le capitaine Chambard était là... »

Mais, avant que je pusse dire ce qu'aurait fait le capitaine Chambard, un rugissement terrible remplit toute la vallée, comme sur la montagne, et me glaça dans la moelle des os...

Oh ! mon Dieu, oui, me glaça... ne riez pas, vous autres ! Là où le fusilier Dumanet de la 2ᵉ du 3ᵉ du 7ᵉ léger avait froid, mille millions de tonnerres et cent trente-cinq milles bombardes ! vous n'auriez pas eu chaud, c'est moi qui vous le dis !

Pitou fit simplement :

« Attention, Dumanet ! change ta capsule ! mets un genou en terre, appuie-toi bien contre le chêne : dans une minute ça sera fini. »

On aurait cru, sur ma parole, que nous allions nous faire arracher chacun une dent.

Pitou me dit encore :

« Veux-tu tirer le premier ? »

Je rétorquai :

« Ça, mon vieux Pitou, je n'osais pas te le demander. Je suis si sûr de mon coup, qu'à trente pas, si je voyais clair, je parierais de l'attraper dans l'œil droit.

— Ah ! dit Pitou, c'est étonnant. »

Je répliquai :

« Nous sommes tous comme ça dans la famille des Dumanet, du village de Dardenac, tout près de Libourne.

— Eh bien, dans la famille des Pitou, près d'Issoire, on n'est pas comme ça ; on n'est sûr de son coup qu'à trois pas.

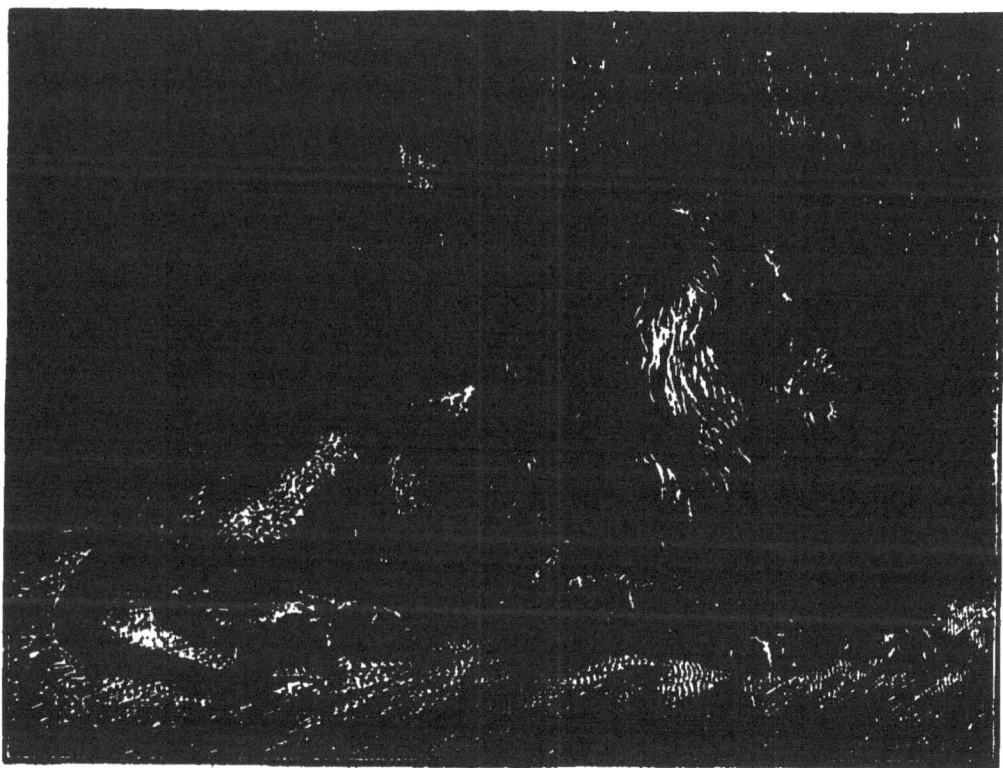

Le roi du désert et son épouse.

— C'est un don de nature, ça, mon vieux Pitou.

— Faut croire. »

Tout à coup, un second rugissement se fit entendre près de nous. Au même instant, la lune écarta les nuages, et nous vîmes sur la côte en face le bourricot qui remontait au petit pas, d'un air fatigué, comme un élève de l'école primaire qu'on ramène malgré lui en classe.

Ibrahim, qui le voyait comme nous du haut de son arbre, lui cria :

« Ali ! Ali ! »

Le pauvre bourricot essaya de braire; mais il n'eut pas plutôt crié « Hi-han ! Hi-han ! » que sa voix s'arrêta dans son gosier, comme si on lui avait tiré les oreilles pour l'avertir de se taire.

« Pas naturel, ça, dit Pitou. Pas naturel du tout ! Quand on a une si belle voix, on aime à se faire entendre. »

Je répondis :

« Faut croire qu'il est modeste .. Avec tout ça, je ne vois pas le lion. »

Alors Ibrahim cria du haut de son arbre :

« Je le vois, moi, ce coquin, ce brigand, ce scélérat, ce caffir ! Je le vois. Il marche à côté de mon pauvre bourricot, et il l'emmène chez lui pour le manger demain. »

C'était vrai. Le lion marchait à côté du bourricot comme l'ânier à côté de l'âne. On aurait cru qu'il lui parlait à l'oreille et qu'il lui donnait des conseils. La pauvre bête faisait semblant d'écouter et s'en allait doucement au petit trot, remontant la côte.

Je mis le lion en joue et j'allais tirer. Tout à coup Ibrahim cria :

« Ne tire pas ; tu vas tuer mon pauvre Ali ! »

Et Pitou ajouta :

« Tiens, voilà que l'obscurité revient. Vas-tu tirer au hasard ? »

Les nuages recouvraient la lune. Je dis :

« Pitou, j'allais me signaler. Tu m'en empêches; ce n'est pas bien. »

Il me rétorqua :

« Dumanet, tu te signaleras un autre jour. Suffit que nous savons où est le lion et que nous viendrons le chercher demain ou après-demain. N'est-ce pas, Ibrahim ? »

Alors l'Arabe, à qui la vue de son bourricot avait rendu l'envie de tuer le lion, descendit de son arbre et nous dit :

« C'est moi qui vous conduirai.

— Quand ça ? demanda Pitou.

— Demain, répondit l'Arabe. Demain nous viendrons ensemble dans la forêt. J'appellerai mon pauvre Ali. Il connaît ma voix comme je connais la sienne. S'il est vivant, il me répondra. »

Je demandai en riant :

« Que vas-tu lui dire ? »

Il me répliqua :

« Je lui dirai : « Ali, où es-tu ? Qui est-ce qui t'a emmené comme un « esclave ? Où est-il, le brigand ? »

— Et il te répondra ?

— Oui, par Allah ! s'il n'est pas mort.

— Et tu le comprendras ? »

Ibrahim me regarda d'un air fier.

« Il n'y a donc pas de bourricots chez vous autres Roumis, puisque vous ne savez pas les comprendre ! »

Pitou répondit bonnement :

« Nous en avons, et beaucoup. Justement nous appelons ânes et bourricots, chez nous, ceux qui ne comprennent rien. »

Ibrahim fut si étonné que ses bras en tombaient, comme dit la mère Mouilletrou quand elle voit que sa lessive a mal tourné.

« Ah ! cria-t-il en colère, vous n'êtes que des chiens de Roumis, puisque vous insultez les meilleures bêtes de la nature. »

Il était déjà tard, peut-être trois heures du matin, et Pitou commençait à s'ennuyer.

Il me dit tout à coup :

« Partons, Dumanet. »

Moi, pour ne pas le contrarier, je lui rétorquai :

« Partons. »

Et je fis signe à Ibrahim de nous suivre. Comme le pauvre Arabe avait perdu sa femme et son âne et ne possédait plus rien, il ne se fit pas prier. Je lui promis de lui trouver une petite place dans la caserne jusqu'au lendemain.

Quand nous fûmes à cinquante pas de la ville, Pitou s'arrêta tout à coup et me demanda :

L'Arabe se coucha sur une botte de paille.

« Dis donc, Dumanet, pourquoi donc voulais-tu savoir tout à l'heure si j'avais de l'argent?

— Parce que je n'en avais pas, mon vieux Pitou, et parce que je voulais t'en emprunter si tu en avais.

— Ça, dit Pitou, c'est une raison. Eh bien, j'ai sept francs. Les voici.

— Merci. »

Il ajouta d'un air embarrassé, parce qu'il était toujours embarrassé, mon vieux Pitou, quand il avait rendu service à un ami :

« Qu'est-ce que tu veux faire de tout cet argent? »

Je répondis :

« Pitou, je n'ai pas de secret pour toi. Je veux acheter un pistolet, le charger avec soin, venir avec toi chasser le lion, lui tirer un coup de fusil, lui casser quelque chose et, quand il viendra sur moi, lui brûler la cervelle à bout portant avec mon pistolet. Comprends-tu ça, mon vieux Pitou ? »

Il m'embrassa et dit :

« Je ne te comprends pas, Dumanet !... tiens, je t'admire ! Il n'y a que toi pour avoir des idées comme ça... toi et le capitaine Chambard... »

Puis, se grattant le front :

« A propos, il faudra bien aller voir le capitaine et lui demander une permission de deux jours pour chasser le lion.

— Oh ! il ne peut pas nous refuser ça.

— Certainement, dit Pitou. D'ailleurs, il aura peut-être un bon conseil à nous donner... C'est qu'il a vu bien des choses, le capitaine Chambard ! Il la connaît dans les coins, le gaillard !... A quelle heure le trouverons-nous ? »

Je répondis simplement :

« A l'heure de l'absinthe du matin. »

Et nous allâmes nous coucher : Pitou et moi dans la caserne, et l'Arabe sur une botte de paille que Pitou alla chercher.

III

LE CAPITAINE CHAMBARD

Avez-vous connu le capitaine Chambard de la 6ᵉ du 5ᵉ du 7ᵉ léger, le plus beau régiment de France, — celui que le vieux Bugeaud, qui s'y connaissait, appela « Fer et Bronze » le soir de la bataille d'Isly ?

Vous savez pourquoi?

Si vous ne le savez pas, je vais vous le dire, comme le fusilier Brossapoil, le plus ancien de la compagnie, me l'a raconté lui-même trois jours après mon arrivée au corps. Ça me coûta deux litres de la mère Mouilletrou, la cantinière, femme cupide, qui vendait neuf sous son vin qu'elle achetait quatre sous; mais je ne regrette pas mes deux litres, dont Brossapoil avala les trois quarts, ni mes dix-huit sous, qu'il me laissa payer tout seul.

La science, voyez-vous, la science, ça ne peut jamais se payer trop cher.

« Donc, ce jour-là (celui de la bataille d'Isly), plus de trente mille Marocains à cheval vinrent se jeter au galop sur le 7ᵉ de ligne. Une vraie fantasia, quoi! Chacun tirait son coup de fusil ou de pistolet sur notre carré sans viser, faisait demi-tour et se sauvait à un quart de lieue, de peur d'être embroché par nos baïonnettes. Nous, sur trois rangs, sans nous

inquiéter de rien, le premier faisant feu à trente pas, à coup sûr, le
second tenant la baïonnette au nez des chevaux, le troisième chargeant
les fusils et les passant aux camarades du premier rang, nous en abat-
tîmes plusieurs centaines.

« Quand cet exercice eut duré une heure ou deux, nos cavaliers à nous,
s'ennuyant de ne rien faire, prirent le galop à leur tour... Enfin, vous
savez le reste. Les Marocains s'en allèrent plus vite qu'ils n'étaient
venus. On prit leurs tentes, leurs bagages et le parapluie du fils de l'empereur du Maroc. On l'a montré aux Parisiens, et on l'appelait parasol,
pour leur faire croire qu'il ne pleut jamais dans ce pays de moricauds;
mais tu vois bien toi-même qu'il y pleut tout comme ailleurs et même
davantage, quand il plaît à Dieu.

« Le soir, le vieux Bugeaud (un que je regretterai toujours) passa dans
les tentes et nous dit : « Mes enfants, vos camarades ont fait leur devoir,
« et très bien, comme c'est leur habitude : mais vous... ah! vous... »
nous attendions, inquiets de ce qu'il allait dire,) « ... je suis tout à fait
« content de vous. Je vous ai regardés opérer, pas un n'a bronché.
« C'est plaisir de conduire des gaillards de cette espèce. Vos anciens de
« l'armée d'Égypte n'ont pas fait mieux, eux qui faisaient si bien.
« Tous fer et bronze ! Je vais l'écrire en France. Vos pères seront
« contents, et vos mères aussi. Le maire le fera afficher à la porte de
« la mairie, et le curé en parlera au prône. »

« Il se fit donner un verre de vin, l'éleva en l'air et le vida en disant :
« Je bois à votre santé, camarades, à la santé du brave 7ᵉ léger, du
« régiment de *Fer et Bronze !* »

« Et depuis ce temps-là le nom nous en est resté. Tâchez de le gar-
der, tas de blancs-becs !

« — Mais le capitaine Chambard, est-ce qu'il en était?

« — S'il en était? le gaillard ! mais c'est là qu'il fit ses premières armes !
Il sortait de Saint-Cyr et venait d'arriver depuis six semaines au régiment.
Grand, mince, maigre, avec un petit air riant qui faisait plaisir à voir ;
bon enfant tout à fait, pas punisseur du tout, pas assez même au com-

mencement, parce qu'il faut se faire craindre des mauvais sujets et des coureurs de bordées, qui sans ça vous mangeraient dans la main et finiraient par taper sur le ventre au colonel. Mais le premier qui voulut s'émanciper n'y est jamais revenu; son affaire fut faite en dix secondes.

« Un fameux homme, le capitaine Chambard, en ce temps-là sous-lieutenant, et qui sera général quand il voudra, ou quand les ronds-de-cuir de Paris auront du bon sens.

« On l'avait mis ce jour-là — le jour d'Isly — tout à fait au coin, à droite et en tête du régiment.

« C'est lui qui devait recevoir le premier choc des moricauds. Comme il n'avait qu'un soupçon de barbe au coin de la lèvre, les voisins le regardaient en riant un peu. Ils avaient l'air de penser : « Comment ce blanc-« bec va-t-il se tirer de là? » Lui riait aussi de cet air bon enfant qui donne confiance à tout le monde. Pourtant il ne parlait pas et faisait sa cigarette en regardant la plaine.

« Tout à coup en entend galoper une dizaine d'officiers. C'était le vieux et son état-major.

« Tout le monde crie : « Vive le maréchal Bugeaud! » Il salue et nous dit en riant : « Eh bien, les enfants, c'est pour ce matin! Êtes-vous « bien disposés? — Oh! pour ça, oui, lui répond le sergent. — Avez-vous « bien déjeuné? — Ça, dit le sergent, ça dépend des goûts. Pour du « chevreau et du mouton, nous en avions notre suffisance. Pour le café, « le vin et l'eau-de-vie, ces coquins de mercantis nous les font payer six « fois plus cher que ça ne vaut. — Ah! dit le vieux, tu sais bien qu'il n'y « a que l'eau du ciel ou de la rivière qui ne coûte rien... Mais n'importe, « je vais vous envoyer de quoi boire un bon coup à la santé de la France. » Ce qu'il fit tout de suite. Comme il avait été simple soldat, il savait mieux que personnne de quoi les soldats ont besoin en campagne. Il nous dit même en se moquant de nous : « De mon temps, on n'était pas si diffi-« cile. En Espagne, j'ai passé trois semaines sans goûter ni pain ni viande. « et, malgré tout, il fallait poursuivre dans les montagnes tantôt Mina, « tantôt l'Empecinado, — des gaillards qui vivaient d'une once de riz par

« jour, d'un oignon, d'une gousse d'ail et d'une demi-douzaine de ciga-
« rettes... Mais vous autres, à présent, il vous faudrait du pain, de la
« viande, du café, du vin, de l'eau-de-vie, comme à des milords anglais
« ou à des seigneurs de trente mille livres de rente! Eh bien, soyez con-
« tents, vous en aurez aujourd'hui parce que c'est jour de fête... »

« Tout le monde cria : « Bravo ! Bravo ! Vive Bugeaud ! »

« Il fit signe de se taire, regarda le sous-lieutenant qui se tenait debout d'un air respectueux et lui demanda :

« Où donc est le capitaine Bouteiller?

« — A l'ambulance. Il a eu la jambe cassée d'une balle avant-hier.
« répondit l'autre.

« — Et le lieutenant?

« — Pris de la fièvre typhoïde il y a cinq jours. On l'a laissé à Mosta-
« ganem.

« — Tant pis ! ce sont deux braves officiers, dit le maréchal... Alors,
« c'est vous qui commandez la compagnie?

« — Comme vous voyez, mon maréchal.

« — Et vous vous appelez?

« — Chambard.

« — Vous êtes bien jeune !

« — Monsieur le maréchal, je ferai de mon mieux, dit Chambard.
« D'ailleurs, mes hommes ont vu le feu presque tous...

« — Bien, bien, mon garçon, reprit l'autre. Je vous regarderai. On
« fait bien à tout âge quand on a bonne volonté. »

« Chambard ne s'était pas vanté. Nous fîmes, ma foi, si bien, et lui
aussi, surtout quand, la cavalerie marocaine se sauvant, on se forma en
colonne pour s'emparer de leur camp, que le colonel nous en félicita le
soir.

« Le vieux Bugeaud serra la main au blanc-bec et le fit lieutenant
d'emblée, en attendant le brevet du ministère de la guerre. Enfin nous
fûmes tous très contents, excepté, bien entendu, trois ou quatre, qui
avaient des balles en divers endroits.

« Et depuis ce temps Chambard a bien fait son chemin. On l'a ramené de Sébastopol capitaine avec la croix, à vingt-neuf ans, et voilà.

« Avec ça, savant comme tout : qui connaît la terre et la mer, les arbres et les poissons, qui parle arabe comme un Arbi et qui monte à cheval comme s'il était vissé sur sa bête. »

« Si tu en connais un plus fort que ça, Pitou, tu me feras plaisir de me l'indiquer.

— Je n'en connais pas, » répliqua Pitou.

IV

Comme ça, vers l'heure de l'absinthe du matin, qui est le meilleur moment de la journée pour causer là-bas, voilà que le capitaine Chambard, homme d'élite à pied et à cheval, était en train de siroter avec le capitaine Bonnivet, de la 5ᵉ du 7ᵉ léger : le lieutenant Caron, de la 6ᵉ du 7ᵉ; le sous-lieutenant Bardet, de la 3ᵉ du 5ᵉ, et quelques autres que je ne me rappelle pas. Suffit de savoir qu'ils étaient plusieurs et qu'ils parlaient du capitaine Corbeville, qui venait de permuter pour rentrer en France, vu qu'il avait attrapé la fièvre et la colique au Sénégal, et qu'il ne les avait pas perdues en Algérie, où rien ne se perd, tant la police est bien faite, — de ce côté-là du moins.

Les uns disaient qu'il aurait mieux fait de ne pas permuter et que pierre qui roule n'amasse pas mousse; d'autres, qu'il avait besoin d'aller à Vichy et de là voir son père, qui était très vieux et qu'il n'avait pas vu depuis sept ans...

Pendant qu'on causait, voilà que nous arrivons, Pitou et moi, pour raconter notre histoire et demander un congé de deux jours.

Naturellement, c'est moi qui fus chargé de porter la parole, qui est une chose si lourde, au dire de Pitou, qu'il n'y a pas plus lourd que ça dans la nature. D'ailleurs, comme il dit : « Tu es orateur, Dumanet, tu parlerais cinq heures de suite sans débrider. Va donc de l'avant ; ce que tu feras sera bien fait ; ce que tu diras sera bien dit. »

Voyant ça et que je ne risque pas d'être blâmé par mon Pitou, je dis à M. Chambard :

« Mon capitaine ! »

Lui se retourne :

« C'est toi, Dumanet ?

— Oui, mon capitaine, c'est moi et Pitou.

— Eh bien, qu'est-ce que vous me voulez ?

— Un congé de deux jours, mon capitaine, si c'était un effet de votre bonté.

— Pour quoi faire ? »

Ah ! voilà ! Je me grattais la tête, et Pitou aussi ; c'est-à-dire, il grattait la sienne et moi la mienne. Si nous disions notre idée au capitaine Chambard, il était capable de nous la prendre. Dans un pays comme celui-là, où les lions ne sont pas aussi communs que les perdreaux en France, ça pouvait le tenter, lui et ses amis, une chasse au lion.

Il demanda encore :

« Dis tes raisons, Dumanet.

— Mon capitaine, voilà. Pitou et moi, nous avons une fameuse idée, mais nous avons peur, si quelque camarade venait à le savoir, qu'il voulût nous la voler. Ça fait que nous avons de la peine à nous confesser.

— Eh bien, confessez-vous, ne vous confessez pas, ça m'est égal. Mais, si vous ne dites pas pourquoi, vous n'aurez pas de congé. »

Voyant ça, je dis tout bonnement notre affaire, que nous avions vu et entendu le lion, qu'il était dans la montagne, enfin tout ce que j'ai déjà raconté.

Les officiers m'écoutaient comme si j'avais débité l'histoire la plus intéressante, et le capitaine Chambard les regardait du coin de l'œil,

« Oui, mon capitaine, c'est moi et Pitou. »

pour les avertir qu'il lui poussait une idée, à lui aussi. Malheureusement, c'était justement celle que je craignais.

Quand j'eus fini, il demanda aux autres en riant :

« Eh bien, qu'en pensez-vous? Voulez-vous en être? »

Tous firent signe que ça leur faisait plaisir.

Alors, se tournant vers moi, il dit :

« Eh bien, Dumanet, c'est convenu. Tu auras tes deux jours de congé, même quatre, si c'est nécessaire. Vous nous attendrez, toi et Pitou, et nous partirons ce matin à dix heures tous ensemble. Vous deux et l'Arabe Ibrahim vous nous servirez de guides. »

V

HARDI PROJET

Quand nous fûmes seuls, à trois cents pas de là sur la promenade, je dis à Pitou :

« Eh bien, c'est une fameuse idée que tu as eue là, de consulter le capitaine Chambard ! »

Pitou me regarda tranquillement et répondit :

« Après ? »

Vous savez, je ne pouvais pas résister au regard de Pitou. Il avait l'air si doux, si bon, si sûr de lui et de moi, que je ne pouvais pas me fâcher avec lui ni lui donner jamais tort. Qu'est-ce que vous voulez ? Il n'y a jamais eu deux Pitou, comme il n'y aura jamais qu'un Dumanet, — du moins je m'en flatte.

Cette fois, cependant, je lui dis :

« Pitou, je ne veux pas aller à la chasse au lion avec le capitaine Chambard.

— Ni moi, répondit Pitou.

— Il amènerait trois ou quatre officiers avec de belles carabines, et beaucoup d'Arabes pour rabattre le gibier. Le lion, qui est plus malin qu'on ne le croit, irait à cinquante lieues d'ici, et nous ne le reverrions plus jamais.

— Possible ! dit Pitou en roulant sa cigarette.

— Et si, par hasard, il nous attendait et qu'on le tuât, comme on aurait tiré tous ensemble, on dirait que le capitaine Chambard, qui est un malin et qui a une belle carabine à deux coups, et ses amis, qui sont bien armés comme lui, ont abattu le lion, et nous, je veux dire toi Pitou et moi Dumanet, nous passerions pour rien.

— Probable, Dumanet !

— Est-ce que ça peut convenir au fils de la mère Pitou ?

— Jamais de la vie, Dumanet !

— Est-ce que ça ferait plaisir au père Dumanet qu'on vînt lui dire que son fils s'est mis en troupe avec cinquante mille autres pour attaquer un brave dans les bois, et qu'il ne l'a même pas tué, mais regardé tuer par le capitaine Chambard ? »

Pitou répliqua :

« Non, ça ne lui ferait pas plaisir, au père Dumanet, pas plus de plaisir que s'il était assis toute la journée sur un cent d'épingles, la pointe en l'air.

— Tu vois donc bien, Pitou, qu'il faut partir sans attendre les officiers !

— Pour sûr !

— Eh bien, partons. »

Et alors nous allâmes chercher Ibrahim.

L'Arabe n'était pas loin. Il finissait de déjeuner d'une soupe que les soldats du 7ᵉ léger lui avaient donnée cinq minutes auparavant et s'essuyait la bouche avec la manche de son burnous graisseux et troué.

Quand il nous vit, il se prosterna le visage contre terre en invoquant Allah et criant de toutes ses forces :

« Louange à Dieu, maître de l'univers ! Les infidèles Roumis font de bonne soupe !

— Et, ajouta Pitou, ils n'ont pas peur de la partager avec les fidèles de la tribu des Ouled-Ismaïl, qui sont d'abominables gredins de père en fils. Es-tu prêt à partir, Ibrahim ? »

Il était prêt. Quant à nous, nos fusils étaient nettoyés et chargés avec soin, et Pitou, qui pensait à tout, acheta six livres de pain qu'il partagea comme un frère en trois portions égales, et dont il offrit la seconde à Ibrahim. La première, ça va sans dire, était pour moi.

Alors je dis :

« Partons, maintenant. Mais toi, Ibrahim, connais-tu bien la route ?

— Si je la connais ! répondit l'Arabe. J'y suis retourné ce matin, et j'ai retrouvé les traces de mon pauvre Ali et celles du lion.

— Ah ! ah ! dit Pitou. Tu me feras voir ça. »

Mais nous n'allâmes pas bien loin. A une demi-lieue, dans la vallée, presque au même endroit où nous nous étions rencontrés la veille, Ibrahim s'arrêta tout à coup et s'écria :

« Le voilà ! le voilà ! »

A ce cri, Pitou arma son fusil. J'armai pareillement le mien, et nous regardâmes devant nous.

Pitou était calme comme à la parade. Moi, j'étais... comment faut-il dire? j'étais content, si vous voulez, puisque j'étais venu là pour rencontrer le lion et que j'allais le rencontrer. Cependant je pensais aussi qu'il y a des moments dans la vie qui sont plus agréables les uns que les autres ; et si le capitaine Chambard avait été là avec tous ses amis, eh bien, j'aurais partagé volontiers avec lui le plaisir de tuer le lion.

VI

Quant à l'Arabe, il avait l'air content, il avait l'air effrayé, il avait l'air transporté de quelque chose que je ne pouvais pas deviner, comme qui dirait d'une envie de pleurer et d'une envie de rire, d'une envie de chanter et de danser, et aussi d'une autre envie d'arracher son burnous et de le déchirer en charpie.

« Où est-il? »

L'Arabe montra du doigt quelque chose à terre et répondit :

« Là! »

Pitou se baissa pour mieux voir et répliqua :

« Pas possible!

— J'en suis sûr, » dit l'Arabe.

Pitou reprit :

« Regarde donc, Dumanet. »

Moi, pendant ce temps, je regardais la montagne pour voir venir le lion de plus loin.

Quand Pitou m'appela, je baissai la tête à mon tour et je regardai.

« Qu'est-ce que ça, Dumanet?

— Parbleu! qu'est-ce que tu veux que ce soit, si ce n'est pas du crottin d'âne? »

Alors Ibrahim leva les mains au ciel et dit :

« Vous voyez bien : il a passé par là !

— Qui ? demanda Pitou.

— Ali, mon pauvre Ali !

— Ali ou un autre, reprit Pitou, qui avait espéré trouver la trace du lion et qui ne voyait que du crottin d'âne. Il y a plus d'un âne à la foire qui s'appelle Martin ; il y a plus d'un âne aussi qui s'arrête sur le chemin en revenant de la foire et qui laisse sa carte de visite aux voyageurs.

— Oh ! dit Ibrahim, je ne m'y trompe pas, moi. Ali est un friand qui ne mange que des chardons : il n'a jamais voulu goûter l'herbe des champs ni l'orge... Tenez, voyez plutôt... »

Pitou l'interrompit :

« Comment ça ? nous voyons bien Ali, puisque tu dis qu'il n'y en a pas d'autre dans la nature pour s'arrêter comme lui sur le grand chemin ; mais l'autre, le lion, où est-il ? »

Alors le pauvre Ibrahim, qui riait tant en reconnaissant le crottin de son âne que sa figure s'en élargissait comme une pleine lune, devint tout à coup sombre comme un jour d'orage et s'écria :

« Le gueux ! le voilà ! Le brigand ! le voilà ! Tenez, voyez-vous ses pattes, dont la plus petite est large comme le fond d'une asssiette ? Voyez-vous comme elles sont écartées ? celles de derrière surtout ?

— C'est vrai, dit Pitou ; on croirait voir un seigneur à la promenade, après dîner, écartant les jambes et marchant le ventre en avant pour digérer mieux. »

Je pensai (entre moi) que c'était la pauvre Fatma, la femme d'Ibrahim, que le lion avait dû digérer, et je fis signe à Pitou de ne pas parler davantage, de peur de chagriner notre ami.

Pitou, qui est délicat de cœur mais non de structure (comme disait un Parisien, ouvrier sculpteur et notre camarade de chambrée), et qui ressemble plutôt à un bloc de pierre de taille qu'à celui que les bourgeois de Paris appellent un Apollon du Belvédère, je veux dire un joli

« Vous voyez bien : il a passé par là ! »

garçon monté sur deux flûtes, Pitou donc se retourna brusquement et dit pour changer la conversation :

« Puisque c'est comme ça, nous le tenons : il n'y a qu'à suivre les pattes. »

En effet, il n'y avait qu'à suivre : Pitou avait trouvé ça du premier coup. Je vous l'ai dit, il n'y a pas, il n'y a pas, il n'y a pas pareil à Pitou dans toute l'Europe ! ni même dans les deux Amériques et dans l'Océanie !

Alors Ibrahim s'arrêta et dit :

« Il est là ! »

Et il montra du doigt le haut de la vallée.

« Oui, il est là, le seigneur ! Mais s'il ne dormait pas ?... »

Je répliquai :

« Ibrahim, si le lion ne dormait pas, c'est moi qui le ferais dormir pour toujours ! »

Alors Pitou, étonné que je n'eusse rien dit de lui, fit : « Oh! » comme s'il avait eu un étouffement.

Mais je me repris et je dis :

« Moi et Pitou. Est-ce que Pitou va d'un côté pendant que Dumanet va de l'autre ? est-ce que Pitou lave la vaisselle à la cuisine pendant que Dumanet fait le beau avec les dames au salon ?... Allons donc, allons donc, ça ne serait pas à faire! »

L'ami Pitou vit bien que j'avais compris qu'il n'était pas content ; il me serra la main et dit :

« Tout ça, c'est des paroles. Ibrahim, va toujours. Tu disais donc que le seigneur ne dort pas ? Quel seigneur?

— Le lion, répondit l'Arabe.

— Et alors, s'il ne dort pas, qu'est-ce qu'il fait ? »

Ibrahim répliqua :

« Il dîne.

— Et quand il a dîné?

— Il va boire à la rivière, et il revient par là chez lui.

— Eh bien, dit tranquillement Pitou, allons l'attendre sur la route. »
Ibrahim secoua la tête.

« Tu ne veux pas? continua Pitou.

— Non.

— Eh bien, nous irons tous les deux, Dumanet et moi. »

L'Arabe reprit :

« Vous irez, mais vous ne reviendrez pas!

— Pourquoi?

— C'est, dit Ibrahim, que le seigneur lion n'est pas seul. »

A ce mot, Pitou fit :

« Pas seul? »

Et il souffla pour mieux réfléchir.

Alors je pris la parole :

« Combien sont-ils?

— Quatre : le père lion, la mère lionne et deux petits lionceaux.

— Pfff! pfff! souffla Pitou : si nous attendions le capitaine Chambard
et ses amis. Qu'en penses-tu, Dumanet? »

C'est vrai que le lion, la lionne et les petits, c'était beaucoup pour une
fois. Mais, comme dit le père Dumanet, quand le vin est tiré, il faut le boire.

Je répondis :

« Pitou, si le seigneur lion, au lieu de ses petits et de leur mère,
avait à côté de lui ses trois frères, ses deux beaux-frères, ses quatre
tantes, ses cinq cousines et trente cousins, et s'ils venaient tous en pro-
cession sur cette route, Dumanet fils les attendrait baïonnette en main et
leur ferait voir ce que c'est qu'un fusilier du 7ᵉ léger. On est de Dardenac, canton de Libourne, mille millions de marmites! ou l'on n'en est
pas; et quand on est du canton de Libourne, on n'a pas le cœur d'une
moule! Qu'en penses-tu, Pitou? »

L'ami Pitou répondit :

« Je pense ce que tu penses, Dumanet! Pourquoi donc est-ce que je
voudrais penser subséquemment quand tu as pensé précédemment?
J'aime bien mieux obtempérer tout de suite. »

C'est comme ça qu'il était toujours, l'ami Pitou. Quand j'avais parlé le premier, il obtempérait subséquemment; si j'avais parlé le second, il obtempérait encore; mais alors c'était à mon tour de le désobtempérer.

Je lui dis encore :

« Tiens, Pitou, tu n'as pas d'esprit... »

Il répliqua bonnement :

« Ça, c'est vrai. Qu'est-ce que tu veux que j'y fasse? »

Alors, pour le consoler, parce que je croyais que ça le rendait malheureux de n'avoir pas d'esprit, je repris :

« Mais ça ne fait rien, je t'aime bien tout de même ! »

Alors Pitou me dit :

« Je l'espère bien, mon vieux Dumanet!... D'ailleurs à quoi ça sert-il d'avoir de l'esprit? Est-ce que ça tient chaud quand on a froid? est-ce que ça donne à manger quand on a faim? est-ce que ça donne à boire quand on a soif?

— Non, Pitou; non !

— Est-ce que ça me consolerait si la mère Pitou venait à mourir, ou la petite Jeanne, qui m'a promis de venir avec moi devant le maire et le curé, et de s'appeler madame Pitou aussitôt que mon temps sera fini?

— Non, Pitou, non !

— Eh bien, alors, pourquoi donc est-ce que ça me gênerait de n'avoir pas d'esprit comme le sergent Lenglumé, qui pourrait gagner sa vie à vendre des calembours dans les foires (*trois mille pour un sou à cause de la beauté du papier*)? Est-ce que ça lui rapporte quelque chose? »

Je répondis :

« Tu te trompes, Pitou! Il a eu l'autre jour une bonne gifle et un coup de sabre pour avoir dit du sergent Frotté : « C'est le plus *frotté* de tous « les sergents du 7e léger! » L'autre, qui n'est pas commode, lui a envoyé une gifle de première grandeur, et le lendemain lui a fait un trou de deux pouces de profondeur dans la cuisse droite. Il en a eu pour six semaines à ne pas faire le malin sur un lit d'hôpital... Et voilà ce que c'est, mon ami Pitou, que d'avoir de l'esprit et pourquoi je suis content que tu n'en aies pas... Mais tu as un cœur d'or.

— Ça, dit Pitou, c'est possible. Je ne sais pas ce que c'est qu'un cœur d'or ; je n'en ai jamais vu... Mais ce n'est pas la peine de me passer la main dans les cheveux et de me chatouiller l'amour-propre. Tu veux aller à la chasse au lion, j'y vais ; la lionne y sera, moi aussi, les petits aussi. Ça ne fait rien, Dumanet ; si tu en es, j'en suis. Seulement, prenons nos précautions : ne va pas te faire dévorer aujourd'hui ; le père Dumanet ne serait pas content... »

Après un moment de réflexion, il ajouta :

« Ni moi non plus. »

A quoi je répondis bien sincèrement, je vous assure :

« Ni moi, Pitou. »

Ce qui le fit rire et moi aussi.

Nous étions alors à l'ombre d'un grand et beau chêne, le même sous lequel nous nous étions arrêtés la veille. On voyait de là une grande partie du pays. Nous nous arrêtâmes pour faire chacun une cigarette.

Tout à coup, Pitou me dit :

« Où donc a passé Ibrahim ? je ne le vois plus. »

En effet, l'Arabe avait disparu.

Au même instant, nous entendîmes une puissante voix d'âne qui criait de toutes ses forces :

« Hi han ! hi han ! hi han ! »

Pitou, entendant cette belle musique, me dit :

« Dumanet, l'âne d'Ibrahim n'est donc pas mort ?

— Probable, mon vieux, tout à fait probable et même conséquent ! sans quoi il n'ouvrirait pas une si forte gueule. »

Alors Pitou ajouta :

« S'il chante, c'est que le lion s'est sauvé.

— Pourquoi sauvé ?

— Parce qu'il aura entendu parler de toi et de ton fusil, qui ne manque jamais son coup à la cible. Sidi Lion est brave, mais il est prudent aussi. »

Nous entendîmes encore une fois :

En effet, c'était bien eux.

« Hi han ! hi han ! hi han ! »

Mais c'était une autre voix et un autre bourricot. Celui-ci avait l'air de pleurer et aussi d'appeler au secours. Presque en même temps suivit le rugissement du lion. Alors les deux bourricots ne dirent plus rien : muets comme des carpes au fond de l'eau. Je vis revenir Ibrahim, qui, sans avertir, était allé à la découverte et qui dégrafait son burnous pour courir plus vite. Il arriva en criant :

« Les voilà ! les voilà !

— Qui ? » demanda Pitou.

Mais l'Arabe, essoufflé et plus pressé de se mettre en sûreté que de répondre, nous fit signe de la main qu'on le suivait et se hâta de grimper d'abord dans les plus hautes branches du chêne. De là il nous cria :

« C'est mon pauvre Ali, le lion, la lionne et les petits ! »

En effet, c'était bien eux. Ils étaient à cent pas de nous, au détour du chemin : le lion en avant qui courait au grand trot; Ali, le bourricot, derrière lui, qui portait les deux lionceaux dans deux paniers placés des deux côtés du bât, et la lionne en arrière-garde, qui veillait sur ses petits et qui empêchait Ali de se sauver à droite ou à gauche. Elle en avait fait son domestique, la vieille coquine; et elle le menait au marché, comme une bonne fermière, pour faire ses provisions.

Alors Ibrahim (car c'était lui qui avait poussé le premier « hi han ! » pour appeler son âne) recommença à braire d'un ton lamentable, comme s'il avait voulu dire : « Pauvre ami, tu es bien avant dans la peine et moi aussi, mais prends patience; voici deux Roumis que j'ai amenés pour tuer ton persécuteur. »

Le bourricot se mit à braire à son tour pour répondre : « Je les connais bien, c'est Pitou et Dumanet, deux bons garçons; mais s'ils ne le tuent pas..., c'est moi qui serai mangé vivant. O quel triste avenir ! »

Moi, je dis à Pitou :

« Cette fois, c'est certain, voilà le gibier. Qui est-ce qui va tirer le premier? »

Lui me rétorqua :

« Tire quand tu voudras, moi, je ne tire qu'à six pas : quand on n'a pas le temps de recharger, il ne faut pas manquer son coup. »

Ça, c'était bien pensé d'un côté; mais de l'autre c'était mal raisonné : car en tirant d'un peu loin j'avais la chance de crever un œil au lion ou de lui casser une patte et de le mettre pour quelque temps sur la paille, en supposant que l'affaire n'allât pas plus loin.

Tout à coup, le lion s'arrêta et poussa un rugissement. Ça, c'était pour nous effrayer. Pitou me regarda. Je regardai Pitou. Il me dit :

« Alors, c'est convenu, tu commences ?

— Je commence. »

Et je mis en joue le lion. Dire que j'étais tout à fait tranquille et content comme à la noce, ce serait trop; mais enfin j'étais bien disposé, ça devait suffire. D'ailleurs, Pitou était là en réserve; et quand j'ai Pitou à côté de moi, je ne vous dis que ça, mes amis... Pitou, c'est ma cuirasse et mon bouclier.

Cependant le lion ne bougeait pas. Il avait l'air de se consulter avec son épouse. Enfin il se décida et poussa un second rugissement plus fort que le premier. Puis il s'avança lentement sur nous. La lionne, le bourricot et les lionceaux le suivaient à quelque distance. Quand il fut à vingt pas, il s'arrêta encore, nous regarda tous les deux en se battant les flancs avec la queue et rugit pour la troisième fois.

Brrr! c'était dur à entendre, ce grondement. J'en ai encore mal aux oreilles. Cependant, pour en finir, plutôt que parce que j'étais sûr de mon coup, je lâchai la détente...

Vrai! il n'était que temps. Le gredin faisait un bond qui aurait dû l'amener sur moi du premier coup. Il s'enleva dans l'air à plus de six pieds de haut et retomba à terre, tout près de moi, sur trois pattes. La quatrième de derrière était cassée. Voici comment :

J'avais bien visé la tête; mais, comme il s'enlevait au même moment pour bondir, la tête se trouva trop haute pour la balle, qui n'attrapa que le pied. Ah! mille millions de mitrailles! quel cri! on aurait dit trois cents douzaines de chats en fureur qui miaulaient en même temps. Mon fusil était déchargé; si Pitou n'était pas prêt, je n'avais qu'à faire mon testament.

Mais Pitou était prêt. Il s'était à moitié caché derrière un chène nain et abaissait son fusil dans la direction du lion, qui n'était qu'à trois pas et ne pouvait pas le voir. Il me fit signe de la main de monter sur le rocher en face de lui.

J'y pensais. Je remis mon fusil en bandoulière et je commençai à grimper. Ah! comme on grimpe dans des moments pareils! les écureuils, voyez-vous, ne vont pas plus vite : mes ongles s'accrochaient au rocher comme des griffes. Je pensais entre moi :

« Pourvu que Pitou ne perde pas la tête ! »

Tout à coup, comme j'arrivais sur le haut du rocher et je m'accrochais au chène pour ne pas retomber, voilà que je me sens tiré fortement en bas par le bas de ma capote. C'est ce gueux de lion qui, malgré sa patte cassée, avait eu la force de sauter sur moi et qui m'avait attrapé avec les dents. Par bonheur, il croyait tenir ma chair et ne tenait que ma capote. Par l'âme de mon saint patron l'archange Michel, j'eus une belle peur à ce moment-là! Je criai à Pitou : « Tire donc! mais tire donc ! »

Il n'était que temps, car le lion tirait de son côté, mais avec ses dents, et si fort que ma capote allait le suivre et m'entraîner avec elle. Vous voyez comme nous étions tous les quatre : j'étais accroché au chène sur le haut du rocher, le lion était accroché à ma capote, et Pitou nous regardait et visait de l'autre côté du chemin.

A la fin, quand il se crut sûr de son coup, il fit feu. Au même instant le lion me lâche — ce qui me fit bien plaisir, comme vous pouvez croire — et tombe raide mort sur le chemin, les quatre pattes en l'air. Comme il prêtait le flanc à Pitou, la balle l'avait frappé au cœur. Ça, c'est une chance, comme disait plus tard le capitaine Chambard en regardant le trou de la peau : ça n'arrive pas une fois sur trois cent cinquante.

Alors je pus me retourner et regarder, et je criai dans un transport de joie :

« Toi, Pitou, tu n'as jamais eu et tu n'auras jamais ton pareil ! »

Mais lui me répliqua :

Par bonheur, il croyait tenir ma chair et ne tenait que ma capote.

« Dumanet, il n'y a pas pareil à moi, je te l'accorde conséquemment, mais il y en a de meilleurs : c'est le tout de les connaître. »

J'allais descendre pour l'embrasser, quand il me cria tout à coup :

« Attention ! prends garde ! voici l'autre qui arrive au trot avec les petits. Arme ton pistolet et donne-moi la main pour m'aider à grimper. »

Alors je vis la lionne qui venait sur nous à son tour.

VII

Avez-vous vu la lionne qui était au jardin des Plantes en l'an 1859 ?
elle-là, je l'ai vue, moi, Dumanet, qui vous parle, ou si je ne l'ai pas
ae, c'était sa cousine germaine, sa fille, ou sa nièce, enfin une de la
mille. Elle était grande, mince, allongée, à peu près comme la fille
née de M. le marquis d'Écorcheville, qui regarde les hommes de haut,
ce qu'on dit, parce qu'elle a un demi-pied de plus que les plus belles
mmes de l'arrondissement de Libourne.

Eh bien, notre lionne, celle que Pitou venait de faire veuve, était à
eu près comme ça, dans son genre. Quant à sa figure, il y en a peut-
re de plus jolies... Vous savez, ça dépend des goûts... Elle avait un nez
arré par le bout comme tous ceux de la famille, des yeux méchants
omme ceux de la mère Cascarou, de Béziers, l'aubergiste, qui donne
uatre-vingt-quinze soufflets par an à ses servantes et qui en reçoit trente
u quarante à son tour. Comme lui dit un jour le juge de paix : « Ma
ière, on ne peut pas toujours donner ; il faut recevoir quelquefois. Sans
1, on se ruinerait. »

Au-dessus des yeux, au milieu du front, il y avait une fente terrible,
 même qu'on voit chez toutes les méchantes bêtes de la création :
'est la rue de la colère. Quand une dame vous regarde et que vous

voyez cette rue tracée entre ses deux yeux, défiez-vous : elle va vous mordre.

Bien entendu, c'est encore pire pour les lionnes.

Celle-là donc, attirée par les deux coups de fusil, le mien et celui de Pitou, prit le grand trot pour voir ce que c'était, et si son mari avait fait bonne chasse. Car, il ne faut pas s'y tromper, le lion nous chassait comme nous chassions le lion. La différence, c'est qu'il avait des dents et des griffes toujours prêtes à travailler, et que nous n'avions, nous, que des fusils qu'il fallait recharger, ce qui demande du temps; sans compter qu'on pouvait manquer son coup, comme je l'avais manqué, moi, en attrapant une patte de derrière au lieu du front que je visais.

En arrivant, elle fut bien étonnée de voir son lion étendu sur le dos, les quatre pattes en l'air et ne bougeant pas plus que s'il avait été de plomb. Le sang coulait sur le chemin.

Elle le regarda, le flaira, lui donna un léger coup de patte sur le mufle, comme pour savoir s'il était mort ou faisait semblant, vit qu'il ne disait rien, poussa un grognement terrible, le lécha doucement comme pour lui dire adieu, et enfin leva les yeux pour voir qui l'avait tué.

C'est alors qu'elle nous aperçut. Nous la regardions faire, Pitou et moi, tout étonnés.

Je dis à Pitou :

« Recharge vite ton fusil, elle va sauter sur nous.

— Recharger! avec quoi?

— Avec une cartouche, parbleu! »

Pitou me répondit :

« J'ai laissé ma cartouchière dans le buisson pour l'avoir à portée de la main. Donne-moi la tienne. »

Ah! tonnerre et quatorze millions de bombardes! ma cartouchière était tombée dans le fossé, pendant que je grimpais sur le rocher et que le lion tenait ma capote avec les dents. Je le dis à Pitou.

Il se gratta la tête, qui pourtant n'avait pas de démangeaison.

Non, quand Pitou se gratte, c'est qu'il cherche une idée dans son crâne. Il y en a là autant que de charançons dans un grenier à blé; mais elles dorment la plupart du temps, et il faut les réveiller.

Il se grattait donc. C'est sa façon de leur demander : « Êtes-vous là? » A la fin, il en trouva une et me dit :

« Dumanet?

— Mon ami?

Elle le regarde, le flaira.

— Ni poudre, ni balles. Nos fusils, c'est des bâtons. Je vais mettre ma baïonnette au bout du mien. Toi, monte dans l'arbre, fais-en autant pour le tien quand tu seras monté, et alors tu m'aideras à monter aussi, ou plutôt, avec ta baïonnette, tu garderas mes derrières pendant que je grimperai.

— Mais si elle t'attaque pendant que je vais grimper? »

Il me répondit :

« Monte donc, bavard ! »

En même temps, ayant emmanché sa baïonnette, il se mit en garde pendant que je grimpais : le pied droit en arrière, le pied gauche en avant, le fusil fortement appuyé sur la cuisse, — en garde contre la cavalerie !

Juste au même moment, la lionne fit un bond et sauta sur lui. J'étais à peine debout sur une des grosses branches du chêne quand, me retournant, je vis le choc.

Ah ! la mauvaise bête ! Elle bondit de façon que sa gueule allait arriver à la hauteur de mon pauvre Pitou. Si elle lui avait attrapé le nez, c'était fait de lui. Jamais plus il n'aurait pu se moucher sur la terre ! à peine un jour, plus tard, dans le ciel où nous ressusciterons avec nos enveloppes corporelles, comme dit M. le curé.

Mais Pitou, c'était Pitou ! un bleu et lui, ça n'a jamais fait la paire !

Comme elle avançait sa gueule et ses quarante dents, il avança, lui, sa baïonnette, en appuyant son pied droit et la crosse de son fusil contre le tronc du chêne, de sorte qu'il ne risquait pas de tomber. De la pointe de son outil il lui piqua le mufle, et si fortement qu'il lui cassa deux dents de devant. Elle se rejeta en arrière et retomba sur le chemin en poussant un rugissement affreux.

Après tout, c'était sa faute à elle : pourquoi l'avait-elle attaqué ? car c'est la lionne qui attaquait Pitou, ce n'est pas Pitou qui attaquait la lionne. Pitou est un bon enfant qui ne veut pas de mal à personne et qui rirait volontiers un brin avec les amis ; mais là il ne s'agissait pas de rire. Elle grognait, elle grinçait des dents, elle rugissait, elle mordait, celle-là ! Elle aurait pu faire un malheur si Pitou n'avait pris garde.

Mais il prenait garde ! Oh ! il n'y a pas comme Pitou pour se mettre en garde contre l'infanterie, la cavalerie, l'artillerie, les lions, les sangliers, les tigres, les hippopotames et les bombes ! Avec sa baïonnette, il fait tout ce qu'il veut ; s'il voulait, par saint Médard ! il empêcherait la pluie de tomber sur son shako. Il ne me l'a jamais dit, mais j'en suis sûr.

VIII

ALI RAVISSEUR D'ENFANTS

Vous voyez où nous en étions.

Ali, le pauvre bourricot, sur le chemin, broutant ou faisant semblant de brouter l'herbe et les chardons. La lionne à côté, se léchant le mufle d'où le sang coulait ; c'est sa manière de se moucher. Sur le rocher, le chêne. Sur le chêne, moi, dans le bas, debout sur la plus forte branche, emmanchant ma baïonnette au bout de mon fusil, et tout prêt à piquer la lionne si par hasard elle venait à rebondir pendant que Pitou allait grimper. Pitou enfin, rejetant son fusil sur son épaule en grimpant de toutes ses forces, comme on fait quand on a dans le dos une lionne démuselée. Dans l'effort, sa culotte se déchira, et par la déchirure s'ouvrit une porte si grande que le sirocco, qui est le plus chaud vent d'Afrique, pouvait y souffler à droite et à gauche, dans le corridor, comme le vent du nord souffle dans la caverne de Rochenoire entre les deux pics auvergnats du Ferrand et du Sancy, qui sont les plus beaux de France. C'est Pitou lui-même qui me l'a raconté, et pourtant il n'est pas vantard.

Voilà !

D'autres pourraient vous faire des discours, parce que c'est leur métier ; mais moi, je vous dis les choses comme elles sont. C'est ça qui fait que je suis Dumanet et non un autre, et que la postérité la plus reculée, comme disait M. le préfet en parlant de Napoléon Ier, en fera des histoires.

Enfin Pitou arriva sur la grosse branche du chêne où j'étais déjà et se mit en garde à son tour. Alors, comme nous avions le temps de respirer, nous commençâmes à tenir un conseil de guerre.

Je dis :

« Pitou, as-tu des vivres? »

Il chercha, ne trouva rien et demanda :

— Non ; pour quoi faire ?

— Ah! c'est que nous allons soutenir un siège. Tiens, vois la lionne : elle va nous bloquer. »

En effet, elle faisait le tour du rocher en cherchant le moyen d'entrer dans la place. Elle regardait de tous côtés, et enfin elle vit un petit sentier étroit, mais assez large pour elle, qui était haute, longue et maigre. Elle allait y monter quand tout à coup Ali, qui, d'un air fin, la regardait faire, se mit à prendre le galop du côté de la ville en emportant les petits lionceaux. Elle les avait déposés dans les deux paniers qu'il portait sur le dos.

Ah! comme il courait, le pauvre bourricot ! Vingt kilomètres à l'heure pour le moins, si la gueuse ne s'en était pas aperçue tout de suite. Mais au premier bruit de ses sabots dans le chemin elle se retourna, le rattrapa en sept ou huit bonds et, d'un coup de griffe, le ramena dare-dare, juste au moment où je descendais moi-même de mon arbre pour aller chercher ma cartouchière sur la route. Pitou n'eut que le temps de me crier :

« Remonte vite ! la voilà ! »

C'est qu'elle arrivait, la vilaine bête ! et plus vite qu'une locomotive ! si vite même, qu'en une minute elle était partie et revenue. Sans l'avis de Pitou, j'étais frit comme un goujon dans la poêle.

Alors elle recommença le blocus. Elle fit monter le bourricot sur le rocher par le petit chemin creux qui allait jusqu'au pied du chêne, et, de la patte, elle fit un geste comme pour lui dire :

« Toi ! reste ici, à moins que tu ne veuilles servir à mon souper !

Ali comprit bien. Pauvre animal ! il n'était pas bête. Il savait ce qu'on doit à ses supérieurs (quand on ne peut pas faire autrement), c'est-à-dire le respect, la discipline, l'obéissance, le dévouement et le reste. Il poussa un grand cri : « Hi han ! » c'était sa manière de soupirer. Et quand il eut crié, ne sachant plus que faire pour se distraire, il se mit à brouter deux ou trois chardons sur le rocher.

Ali se mit à prendre le galop.

Quant à la lionne, elle regardait.

De quels yeux ! vous pouvez deviner : tout ce qu'il y a de plus féroce dans la nature. Un crocodile à qui vous marchez sur la patte n'en a pas de pareils. Ses dents grinçaient en s'aiguisant l'une sur l'autre. Son poil se hérissait. Elle fouillait la terre avec ses griffes. De temps en temps elle regardait le lion mort, couché dans le chemin, et ensuite Pitou et moi, comme si elle avait voulu nous dévorer tous deux en même temps. Elle regardait aussi ses lionceaux. Elle avait l'air d'une pauvre veuve dont le mari vient d'être assassiné par des brigands et qui crie vengeance à Dieu pour elle et pour les pauvres petits orphelins.

Et nous! Ni poudre, ni balles, ni cartouches, ni rien, excepté nos baïonnettes. Tout ce que nous pouvions faire, c'était d'attendre sur notre arbre en la surveillant toujours, et de la recevoir à la pointe de la fourchette si elle voulait sauter sur nous.

IX

La lionne faisait donc le tour de
l'arbre, et, en faisant le tour, elle regardait tantôt Pitou, tantôt moi, et surtout
nos deux baïonnettes, dont elle connaissait la pointe pour avoir essayé celle de
Pitou, et qu'elle voyait toujours tour-
nées du côté de son mufle roux. De
temps en temps elle rognonnait comme
un tonnerre qui gronderait sous terre.
C'était sa manière de réflexionner.

Je dis à Pitou :

« Est-ce que ça va durer longtemps ? »

Il répondit :

« Tout le temps qu'elle voudra.

— Mais j'ai faim, moi !

— Oh ! moi, c'est bien différent. J'ai faim et soif.

— Alors, qu'est-ce que nous allons faire ?

— Attendons. Elle a peut-être envie de dîner, elle aussi.

— Oui, mais elle a le bourricot ; ça lui fait du pain pour trois jours.

— Pauvre bourricot !

— Pauvres nous ! »

Tout à coup, Ibrahim, que nous avions oublié et qui s'était sauvé au plus haut du chêne, descendit en entendant que nous parlions du bourricot et nous dit tout bas, comme s'il avait eu peur d'être entendu de la vieille coquine :

« Avez-vous un couteau ?

— Pour quoi faire ?

— Vous allez voir. »

Pitou, qui est Auvergnat, a toujours son couteau dans sa poche. Il le donna à l'Arabe, qui, tout de suite, se mit à tailler une branche en forme de crochet et me souffla dans l'oreille :

« Attention ! Je vois dans le panier mon épervier à pêche, nous allons rire. »

Et, pour commencer, il riait lui-même.

« Surtout, tâchez d'occuper la lionne en criant et en l'appelant de tous les noms. Si j'attrape mon épervier, nous sommes sauvés, et mon pauvre Ali aussi. »

En même temps il nous expliqua son plan, qui valait mieux que celui de Trochu, je vous en réponds. Au reste, vous allez voir.

Pitou se mit à crier :

« Oh ! la gueuse ! oh ! la coquine ! Est-ce que tu ne vas pas t'en aller, vilaine bête ? »

La lionne connaissait la pointe de nos baïonnettes.

Et il cracha sur elle pour lui montrer son mépris. Moi, de mon côté, e lui criai encore plus fort un tas de choses que je ne voudrais pas répéter devant les dames, et je lui jetai des glands, dont un l'attrapa sur e nez, à l'endroit même où elle avait reçu le coup de baïonnette. Ça la nit dans une telle rage, qu'elle essaya de grimper; mais elle ne réussit pas. Elle bondissait, elle rugissait, elle mordait le tronc du chêne. Vrai! c'était à faire trembler.

Pendant ce temps, l'Arabe se mit à siffler doucement :

« Ali ! Ali ! »

Le bourricot s'approcha.

Alors l'Arabe, avec son crochet, attrapa un nœud de l'épervier qui était sur son dos, entre les deux paniers, le souleva lentement, le saisit avec la main droite en se retenant de la gauche au tronc du chêne, et l'enleva jusqu'à lui, ce qui fit tomber à terre les deux petits lionceaux, qui étaient couchés dessus. Il cria de joie : « Allah ! Allah ! Allah Ahkar ! » comme qui dirait dans la langue de ce sauvage : « Dieu est vainqueur ! »

Si Dieu était vainqueur, mes moyens ne me permettent pas de le savoir, mais Ibrahim était content, et nous aussi, je vous en réponds !

Son cri fit retourner la lionne, qui vit l'épervier s'enlever dans l'air comme un oiseau, et les lionceaux tomber à terre comme deux fromages mous.

« Tonnerre ! qu'elle dit; mille millions de tonnerres de bombardes et d'obusiers réunis ! »

Du moins, c'est ce que je compris quand elle poussa un rugissement si fort, que Pitou lui-même fut ébranlé (lui qui ne s'ébranle jamais), que l'Arabe Ibrahim se colla des deux bras au chêne comme un lièvre, et qu'Ali, le pauvre bourricot, tomba évanoui sur le rocher.

Elle devint si furieuse qu'elle bondit sur nous, malgré nos baïonnettes, et manqua de s'embrocher toute vive. Malheureusement, c'est ma broche qu'elle rencontra, qui glissa le long de son flanc et s'enfonça dans sa cuisse, mais sans entrer profondément, parce que la lionne recula vivement, comme vous pouvez croire, quand elle en sentit la pointe.

Elle retomba donc sur le rocher, et, ne sachant sur qui se venger, elle regarda le pauvre bourricot qui était couché à terre et qui fermait les yeux de frayeur en attendant la mort. Il soufflait (pauvre bête !) d'une façon terrible, n'osant pas bouger ni se défendre, pareil à un agneau qu'on vient de pendre par les pieds à un crochet de l'abattoir, et qui voit le boucher s'avancer avec son couteau.

Cette fois, il se croyait à son dernier jour, et même à sa dernière minute.

Mais alors l'Arabe lança l'épervier sur la lionne, qui allait dévorer le pauvre bourricot, et fut si adroit que du coup il la couvrit et la mit en prison tout entière. Elle, de son côté, fut si étonnée, qu'elle voulut bondir, s'embarrassa les pattes dans le filet et tomba.

Alors l'Arabe nous cria :

« Sautez vite et tenez-là bien avec vos fusils. Je vais chercher les cartouchières. »

En effet, nous sautâmes à terre tous les trois. Pitou se tint debout avec son fusil sur un bout de l'épervier, moi sur l'autre bout, et nous pesions de toutes nos forces avec nos crosses pour empêcher la vilaine bête de se relever et de sauter sur nous.

Pendant ce temps, l'Arabe glissa dans le chemin, comme un éclair, et siffla le bourricot.

Le pauvre Ali, qui n'attendait plus que la mort, comprit qu'il était sauvé. Il descendit le sentier et alla rejoindre son maître, qui nous cria, en riant comme un gueux d'Arbi qu'il était :

« Merci, Roumis. Portez-vous bien ! Bonsoir ! Qu'Allah vous assiste ! »

Il sauta sur l'âne, et tous les deux, l'un sur l'autre, descendirent au galop vers la ville. Ça, c'était un tour de coquin. Il nous laissait la lionne par les pattes. Vous pensez comme c'est commode à tenir, un animal de cette force, et qui se démenait d'une façon si terrible, qu'à chaque mouvement elle nous faisait faire des sauts de trois pas et rugissait à faire frémir. Nous ne pouvions même pas nous servir de nos baïonnettes, parce que nous changions de place trente fois par minute et que nos fusils ne servaient qu'à nous tenir debout. Parole d'honneur! j'avais vu le feu douze ou quinze fois, et Pitou pareillement; nous avions monté ensemble à l'assaut des villages kabyles, où ces enragés se battaient à coups de fusil, à coups de sabre, à coups de couteau, à coups de pierres, et, à moitié morts, se relevaient encore pour nous mordre aux

La lionne finit par passer sa tête à travers le grand trou.

jambes comme des chiens enragés, mais nous n'avions jamais rien vu de si épouvantable.

Je dis à Pitou :

« Tiens-toi bien, mon vieux, tiens-toi bien! Si tu lâches l'épervier, nous sommes fichus!

— On se tiendra! répliqua Pitou, on se tiendra! Me prends-tu pour une moule? »

Et il se tenait ferme, le gaillard! Depuis que le monde est monde, il n'y a jamais eu personne pour piger avec Pitou. Je ne vous le cache pas, ça fait plaisir d'avoir un ami comme lui, ça vaut mieux que trois millions placés à la Banque de France. Un fameux établissement, pourtant, et solide, à ce que je me suis laissé dire ! Eh bien, Pitou était plus solide encore. Quand je l'ai à côté de moi, coude à coude, je suis sûr de tout.

Pourtant, à force de sauter et de faire des cabrioles pour ne pas lâcher l'épervier ni la lionne qui était dessous, je sentais qu'elle finirait par jeter l'un de nous deux par terre et qu'alors elle serait libre de nous étrangler, chose désagréable ! Elle déchirait et rompait les nœuds de l'épervier avec les dents. A la fin, elle finit par passer sa tête à travers un grand trou et se trouva habillée de l'épervier comme une dame qui a mis son châle pour aller à la messe.

Elle était alors debout sur ses quatre pattes et rugissait de plus en plus fort en regardant du côté des montagnes de la Kabylie. Elle avait l'air d'appeler sa famille au secours.

Ah ! Dieu du ciel ! Il n'aurait plus manqué que cela ! voir venir à son secours son beau-père et ses beaux-frères, sans compter ses sœurs et ses cousines ! Nous aurions été dans de jolis draps !

Et justement, là-bas, là-bas, dans la montagne, de l'autre côté de la vallée, nous entendions rugir à plus d'un quart de lieue, et, de minute en minute, les rugissements se rapprochaient, renvoyés par l'écho des rochers. Au bout d'un long moment (oh ! oui, qu'il était long ! on n'en fait plus comme celui-là), voilà que je vois venir, à trois cents pas de nous, deux lionnes et trois lions, tous grands et forts comme père et mère. Le plus grand et le plus fort des cinq, un mâle celui-là, était en avant et regardait de tous côtés comme pour chercher d'où venaient les cris de la lionne.

Enfin il nous vit.

Franchement, à ce moment-là, j'aurais mieux aimé que nous fussions, Pitou et moi, occupés à manger le rata dans la caserne avec les camarades. Oui, c'est plus sûr et moins trompeur.

X

IL N'ÉTAIT QUE TEMPS

Vous voyez notre situation! Pas bonne, n'est-ce pas? La lionne sous nos pieds, mais rageuse comme tout, et d'ailleurs ayant enfin retiré sa tête de l'épervier en y faisant un large trou avec les dents. De ce trou, elle allongeait le cou pour saisir tantôt mes mollets, tantôt ceux de Pitou, qui se défendait comme moi à coups de crosse, ne pouvant pas lui présenter la baïonnette, parce qu'avant tout il fallait s'appuyer fortement et se tenir debout. Si l'un de nous deux était tombé, elle aurait été libre et l'aurait étranglé dans le temps que le sergent Bridoux met à siffler un petit verre de tord-boyaux.

D'un autre côté, en face de nous, à trois cents pas, le beau-père de la lionne, sa belle-mère, ses beaux-frères, ses tantes, ses cousins, ses cousines, que sais-je encore? Je ne voulais pas leur demander leurs actes de naisssance.

S'ils avaient le temps de nous rejoindre, notre affaire était faite, je vous en réponds. Deux fusils déchargés contre cinq lions et une lionne en fureur, ce n'était pas de quoi faire avec plaisir l'escrime à la baïonnette, où pourtant je ne suis pas manchot, je m'en vante. Mais, vous savez, ces vilaines bêtes ont une escrime à elles qu'on ne connaît pas et qu'on ne sait comment parer. Elles sautent en l'air comme des chats et cinq fois plus haut, elles vous tombent sur la tête, sur les épaules, elles vous enlèvent d'un coup de dent une livre ou deux de chair fraîche. C'est tout à fait insensé.

Par bonheur, quoique les lions ne fussent qu'à trois cents pas de nous en ligne droite et à vol d'oiseau, ils étaient forcés de faire un détour d'une demi-lieue pour nous rejoindre, et voici pourquoi.

La vallée, comme je vous l'ai dit, était profonde ; mieux que profonde : on aurait cru voir un corridor entre deux murs de rochers de cinq cents pieds de haut. Pour passer d'un côté, ou, si vous voulez, d'un mur à l'autre de la vallée, il fallait remonter beaucoup plus haut. Pendant ce temps nous avions le moyen de réfléchir, Pitou et moi.

Je lui dis :

« Tu entends les lions?

— Oui.

- - Veux-tu les attendre?

— Ça dépend.

— Si nous les attendons, ils seront là dans cinq minutes.

— Qu'est-ce que tu veux que j'y fasse? répliqua Pitou. Le vin est tiré, il faut le boire. »

Il appelait ça du vin, le bon enfant! Moi, que ce fût du vin ou du vinaigre, j'en avais assez, avant même d'en avoir goûté. D'autant mieux que je voyais le vieux lion, le plus gros de tous, le chef de la tribu, prendre son parti, faire signe aux autres de le suivre et partir en avant au grand trot, comme un colonel en tête de sa troupe.

Et quels pas il faisait! Des pas de six pieds au moins.

Cette fois, nous étions perdus. Je pensais en moi-même : « Mon ami, tu ne reverras jamais papa Dumanet. Ah! s'il savait que dans dix minutes nous allons avoir cinq lions sur le dos et une lionne dans les jambes, qu'est-ce qu'il dirait, Seigneur Dieu de la terre et des étoiles!... Mille millions de tonnerres et d'éclairs! il faut sortir de là et retourner à Dardenac pour embrasser le vieux! »

Voilà comment je réflexionnais en dedans. Pitou, lui, ne réflexionnait

La lionne fait un bond qui nous jette tous deux par terre.

pas; du moins, il ne m'en a jamais rien dit; mais quand la lionne essayait de mordre ses mollets ou les miens, il lui donnait sur la tête un tel coup de crosse qu'il l'aurait brisée en mille morceaux si elle avait été faite de porcelaine ou de faïence. Malheureusement, le crâne était plus dur que du fer. Ça, comme disent les savants, c'est une propriété du climat d'Afrique, et ça fait qu'on ne trouve presque partout dans ce pays-là que des nègres, des Arbis et des juifs mercantis, qui ne sont pas les fleurs de la nature.

Tout à coup... faites bien attention !... du fond de la vallée en bas, tout en bas, voilà que j'entends : « Tra, tra, tra..., » le son du clairon qui s'approche. Ah! ah! je fais signe à Pitou en étendant le bras gauche de ce côté-là et je lui dis :

« Nous sommes sauvés ; voilà les camarades !

— Quels camarades ?

— Eh parbleu ! ceux de la 3ᵉ du 4ᵉ du 8ᵉ de *Fer et Bronze*. Et, tiens, je reconnais le coup de langue du clairon Paindavoine.

— Ça, c'est vrai, reprit Pitou, il a un fameux coup de langue, ce Paindavoine; mais voilà ! arrivera-t-il assez tôt ?... Nous saurons ça dans un quart d'heure si nous sommes encore en vie et si tous ces gredins à quatre pattes n'arrivent pas avant lui. »

Ce qu'il y avait de pire dans notre affaire, c'est que nous voyions bien les lions faire au grand trot un détour pour nous rejoindre, mais nous ne voyions pas les camarades qui venaient du fond de la vallée par le chemin opposé, et surtout nous avions peur de n'en être pas vus. Aller à eux, pas possible ! La lionne une fois lâchée nous aurait sauté dans le dos.

Heureusement, pendant qu'elle rugissait de colère, de fureur et aussi parce qu'elle n'était pas à son aise, la pauvre bête ! voilà Paindavoine qui souffle de plus en plus fort, comme pour aller au pas de course, et les camarades qui le suivent en criant :

« Pitou! Pitou! Dumanet! Dumanet! »

Ma foi, il n'était que temps, car la lionne, à force de se démener, allait nous jeter par terre, et toute sa famille se précipitait pour l'aider à nous ramasser.

A la fin, je veux dire au bout de trois minutes qui nous parurent plus longues que des heures, Pitou, qui se penchait en arrière pour voir plus tôt les képis du 7°, me crie :

« Les voilà ! les voilà ! vive la ligne ! A nous Paindavoine ! à nous ! »

Et, en même temps, la lionne, qui entendait le clairon comme nous et qui savait ce que ça voulait dire, pousse un rugissement épouvantable, fait un bond de trois pieds de haut, qui nous jette tous les deux par terre les quatre fers en l'air, saute à bas du rocher dans le chemin et part au triple galop, pour rejoindre son beau-père, ses beaux-frères, sa sœur et toute sa famille, qui venaient au-devant d'elle.

En deux secondes elle avait disparu, en emportant notre épervier dont elle n'avait pas pu se débarraser.

XI

UN MOUVEMENT TOURNANT

Cette fois, nous étions plus à l'aise; je dis à Pitou :

« Mon vieux, prête-moi ton mouchoir pour m'essuyer le front; je suis tout en nage. »

Lui, c'était tout le contraire. Il était couvert de poussière, étant tombé tout à plat sur le rocher, qu'on n'avait pas balayé depuis l'an 1ᵉʳ de la création du monde. Adam l'avait laissé tel qu'il l'avait trouvé, et ses petits-fils aussi.

Pitou me dit à son tour :

« Eh bien, est-ce que tu regrettes toujours que nous ayons averti le capitaine Chambard?... C'est pourtant lui qui vient de nous tirer d'affaire, rien qu'en faisant sonner la charge à Paindavoine. »

Je répliquai, car je n'aime pas avoir tort :

« Es-tu bien sûr que c'est le capitaine Chambard qui vient nous aider si à propos? »

Comme il allait répondre, voilà que le capitaine parut lui-même au détour du chemin, à trente pas de nous, et qu'il nous dit de son air bon enfant :

« Ah! ah! mes gaillards, vous avez voulu nous jouer un tour; mais qui est-ce qui a manqué de s'y faire prendre et de servir au déjeuner des lions?... C'est bon, c'est bon; ne vous excusez pas; nous nous expliquerons plus tard. Où est le gibier? »

Je lui montrai les lions, qui venaient à nous au grand trot, par la route tracée en forme de V, le long du précipice. En tête courait la lionne toujours vêtue de l'épervier d'Ibrahim, dont elle n'avait pu se dépêtrer malgré tous ses efforts.

Ils étaient encore à trois cents pas de nous. Mais cette fois nous étions en nombre pour les recevoir, car le capitaine Chambard avait eu soin d'amener toute la compagnie, avec une provision de cartouches, et voici comment, ainsi que je l'ai appris plus tard.

Ibrahim, le traître Arbi qui nous avait amenés là pour rattraper son âne et qui ensuite nous avait si vilainement lâchés quand il se vit hors de danger, était de la tribu des Ouled-ben-Ismaïl, qui sont si connus dans tout l'univers, que les Parisiens ne le sont pas davantage. Avec ça, mauvais voisins, toujours en querelle avec quiconque, pour des enlèvements de chevaux, de moutons, de bœufs, de filles, de bestiaux de toute espèce, et pas du tout payeurs d'impôts, excepté le pistolet sur la gorge ou le sabre levé sur la tête.

Justement, une dizaine de jours auparavant, ils avaient préparé un bon coup contre les Beni-Okbah, leurs voisins et nos amis, et ils étaient venus camper à cinq lieues de là pour les surprendre. Ibrahim était un de leurs espions, chargés de savoir si nous étions sur nos gardes et les Beni-Okbah aussi. C'est en faisant cet honnête métier qu'il était venu sans le savoir, avec sa femme, la pauvre Fatma, dans le campement des lions. La femme y resta et fut dévorée; Ali, le bourricot, eut bien peur, mais enfin nous lui sauvâmes la vie, Pitou et moi, comme on l'a vu; et le coquin d'Ibrahim se sauva aussi en emmenant le bourricot et se moquant de nous !

Mais voyez comme le bon Dieu arrange toutes les choses!

Au moment où les Ouled-ben-Ismaïl se préparaient à faire leur coup sur les Beni-Okbah, voilà qu'un matin ils s'aperçurent que six vaches leur manquaient. Ils crurent tout d'abord que les Beni-Okbah avertis avaient pris l'avance et venaient voler leurs troupeaux ; mais, en suivant la trace des pauvres bêtes et celle du sang versé, ils finirent par reconnaître que les lions n'étaient pas loin et qu'ils étaient au moins une demi-douzaine.

Que faire ? se sauver ? Pas facile, quand on traîne derrière soi des femmes, des enfants, des vieillards et des troupeaux de moutons. C'est pour le coup qu'ils regrettèrent bien d'avoir eu l'idée de faire une razzia chez les Beni-Okbah. Enfin l'un d'eux, qui était jeune mais qui n'était pas bête, proposa de s'adresser aux Roumis et surtout au capitaine Chambard, homme fameux et bon enfant, celui-là, qui ferait une battue avec ses hommes et mettrait tous les lions du pays en chair à pâté. On l'écouta et l'on envoya deux députés au capitaine Chambard.

Lui, voyant leur bonne volonté, les renvoya sur-le-champ, en leur disant que le lieutenant Caron, avec une moitié de la compagnie, allait les suivre par un sentier détourné, celui qu'ils avaient pris pour venir, et que lui, Chambard, avec l'autre moitié, nous rejoindrait, Pitou et moi, en suivant la grande route et allant au-devant des lions. Nous les prendrions par devant, et Caron par derrière. C'est ce qu'on appelle un mouvement tournant ; c'est connu des plus fameux guerriers.

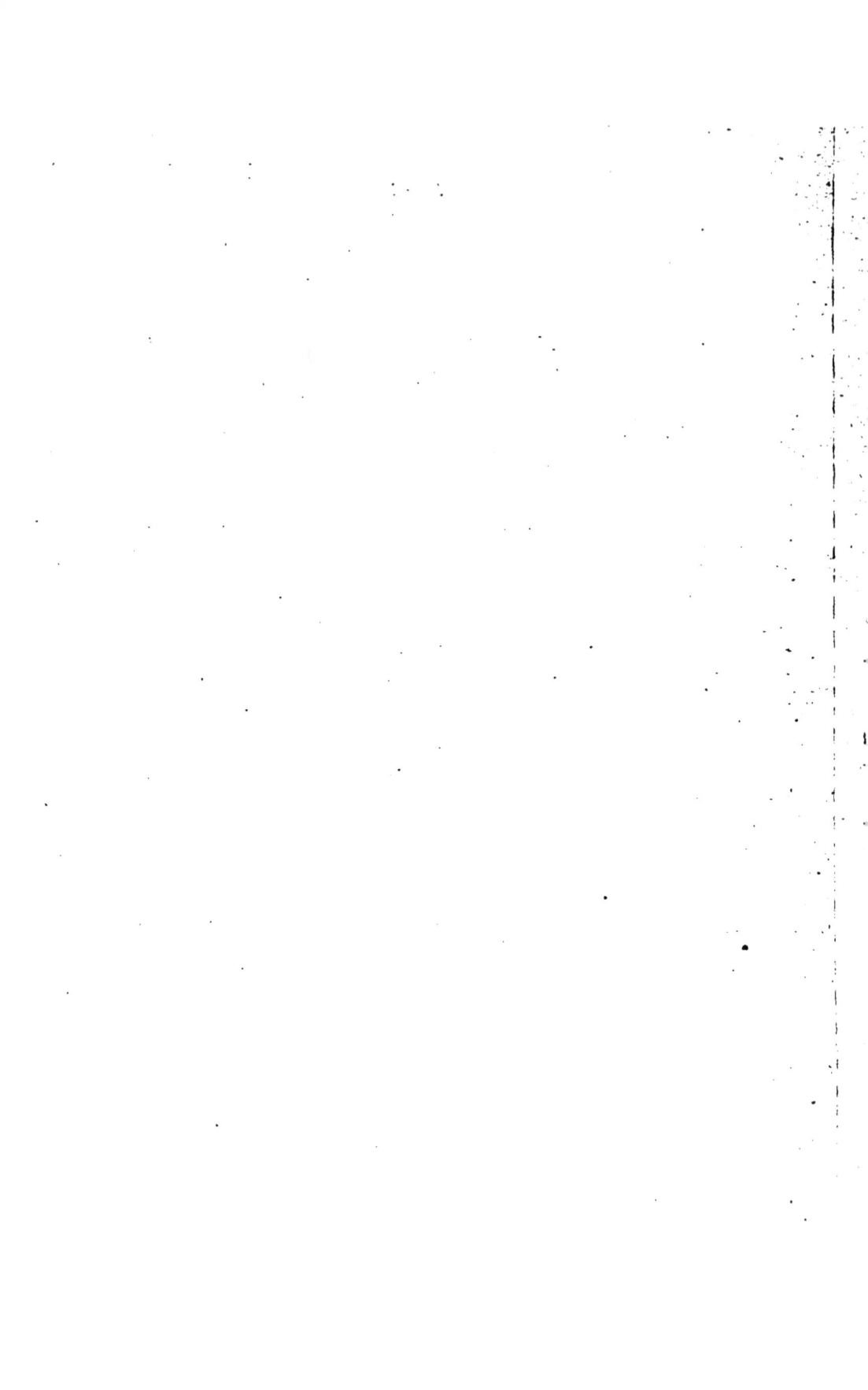

XII

AU DOIGT MOUILLÉ

Et maintenant voulez-vous savoir comment finit la bataille entre les lions et la 3ᵉ du 4ᵉ du 7ᵉ léger ?

Comme si le grand Napoléon lui-même avait réglé tous les détails. Nous voyant avancer à rangs serrés, avec le clairon Paindavoine, qui chantait dans son instrument :

As-tu vu
La casquette,
La casquette,
As-tu vu
La casquette au pèr' Bugeaud ?

les lions s'arrêtèrent pour causer entre eux, et même ils eurent envie de se sauver ; mais, comme ils nous tournaient le dos, ils virent de l'autre côté le lieutenant Caron, qui s'avançait avec les camarades. A gauche, ils avaient un précipice de quatre cents pieds de profondeur ; à droite, un mur de cent pieds de haut, taillé à pic dans la montagne. Alors, comme des braves, ne pouvant pas s'échapper, ne voulant pas se rendre, ils se jetèrent sur nous. On les reçut avec des balles d'abord et ensuite à la pointe des baïonnettes.

Ils furent tous tués, par l'industrie du capitaine Chambard, qui avait su les envelopper dans son mouvement tournant.

Il en devint chef de bataillon et commandant du bureau arabe de B... Ça lui était bien dû, car, outre qu'il avait débarrassé le pays d'un vilain gibier, il avait fait, par la même occasion, amitié avec les Ouled-ben-Ismaïl, qui se réconcilièrent avec les Beni-Okbah et avec nous, aimant mieux, comme ils disaient, payer l'impôt aux Roumis qu'aux bêtes féroces.

Quant à Pitou, qui avait tué le lion, il lui fit donner un bon fusil à deux coups, que les Ouled-ben-Ismaïl payèrent de leur poche, ça va sans dire, et encore trop heureux d'être débarrassés à ce prix de leur ennemi.

Pitou ne voulait pas. Il disait :

« C'est Dumanet qui a tiré le premier ; c'est lui qui l'a blessé. »

Je répondis :

« Oui, mais c'est toi qui l'as tué. »

Le capitaine Chambard cria :

« Est-ce que ça va durer longtemps, mille bombardes ? Tirez au doigt mouillé à qui l'aura. »

Le sort tomba sur Pitou.

Six semaines après, nous reçûmes tous deux notre congé et nous revînmes en France.

FIN

TABLE DES MATIÈRES

SOCIÉTÉ ANONYME D'IMPRIMERIE DE VILLEFRANCHE-DE-ROUERGUE
Jules Bardoux, Directeur.

RÉD. :

25

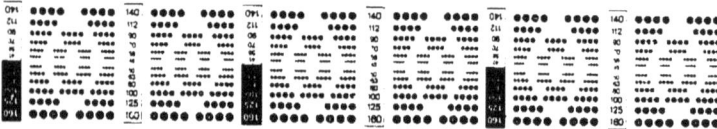

MIRE ISO N° 1
NF Z 43-007
AFNOR
Cedex 7 · 92080 PARIS LA-DÉFENSE

graphicom 338.57.70

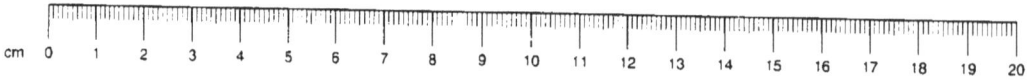

cm 0 1 2 3 4 5 6 7 8 9 10 11 12 13 14 15 16 17 18 19 20

DPCi

15, rue Jean-Baptiste Colbert
ZI Caen Nord - BP 6042
14062 CAEN CEDEX
Tél. 31.46.15.00
RCS Caen B 352491922

Film exécuté en 1992

www.ingramcontent.com/pod-product-compliance
Lightning Source LLC
Chambersburg PA
CBHW070018110426
42741CB00034B/2133